I0007599

Google Chrome Leicht Gemacht

Ein Praktischer Leitfaden für Alltägliche Benutzer

Tech Trends

Copyright © 2024 von Tech Trends

Alle Rechte vorbehalten.
Kein Teil dieses Buches darf ohne die
schriftliche Genehmigung des
Herausgebers auf irgendeine Weise, sei es
grafisch, elektronisch oder mechanisch,
einschließlich Fotokopieren, Aufzeichnen,
Aufnehmen oder durch ein
Informationsspeicher Abrufsystem,
verwendet oder reproduziert werden.

Google Chrome Leicht Gemacht

INHALTSVERZEICHNIS

Google Chrome Leicht Gemacht

Die Geschichte von Google: Von der Suchmaschine zum Technologieriesen

Google, heute ein globales Technologieunternehmen, begann als bescheidenes Forschungsprojekt zweier Studenten der Stanford University. Im Laufe der Jahre hat es sich zu einem der einflussreichsten Unternehmen der Welt entwickelt und die Art und Weise geprägt, wie Menschen mit Informationen, Technologie und untereinander interagieren.

1. Die Anfänge: Vom Stanford-Projekt zum Startup

Die Wurzeln von Google lassen sich bis ins Jahr 1995 zurückverfolgen **Larry Seite** Und **Sergey Brin**, zwei Doktoranden der Stanford University, trafen sich und begannen, an einem Forschungsprojekt zusammenzuarbeiten. Damals waren Websuchmaschinen wie AltaVista und Yahoo! verließen sich stark auf Schlüsselwörter, um Websites zu bewerten, aber Page und Brin glaubten, dass es eine bessere Möglichkeit gäbe, Web-Suchergebnisse zu organisieren und zu präsentieren.

1.1. Die Entstehung von BackRub (1996)

Im Jahr 1996 begannen Larry Page und Sergey Brin mit der Arbeit an einem Projekt namens **BackRub**, dessen Ziel es war, eine Suchmaschine zu entwickeln, die die Beziehungen zwischen Websites und nicht nur Schlüsselwörter analysiert. BackRub war einzigartig, weil es einen neuen Algorithmus namens verwendete **PageRank**, das Webseiten danach einordnet, wie viele andere Seiten mit ihnen verlinkt sind. Dieses Konzept war damals revolutionär, da es einen Link als „Stimme" für die Bedeutung der Seite betrachtete.

BackRub lief über ein Jahr lang auf den Servern von Stanford, aber seine wachsende Popularität begann zu viel Bandbreite zu beanspruchen, was den Bedarf nach einer skalierbareren Lösung weckte.

1.2. Google ist geboren (1997-1998)

1997 beschlossen Page und Brin, ihre Suchmaschine von BackRub in umzubenennen **Google**, ein Spiel mit dem mathematischen Begriff „googol" (1 gefolgt von 100 Nullen) und symbolisiert ihr Ziel, riesige Informationsmengen im Internet zu organisieren. Der Domänenname **google.com** wurde am 15. September 1997 registriert und im folgenden Jahr wurde die Google-Suchmaschine offiziell gestartet.

Am 4. September 1998 wurde Google als
Privatunternehmen gegründet und der Hauptsitz
wurde in der Garage eines Freundes in Menlo
Park, Kalifornien, errichtet. Zu dieser Zeit war
Google noch eine Suchmaschine, doch seine
übersichtliche Benutzeroberfläche, die genauen
Ergebnisse und der innovative Ansatz erfreuten
sich schnell großer Beliebtheit.

2. Der Aufstieg von Google: Suchmaschinendominanz (1999–2004)

2.1. Investition und Wachstum

Im Jahr 1999 erhielt Google seine erste große
Investition von 25 Millionen US-Dollar von
Risikokapitalfirmen **Sequoia-Hauptstadt** Und
Kleiner Perkins Caufield & Byers. Mit diesem
Geldzufluss konnte Google seinen Hauptsitz
nach Palo Alto, Kalifornien, verlegen und mehr
Mitarbeiter einstellen. Bis Ende 1999

verarbeitete Google über 500.000 Suchanfragen pro Tag, eine Zahl, die schnell anstieg.

2.2. Die Google Toolbar und Werbeinnovationen

Im Jahr 2000 führte Google das ein **Google-Toolbar**, ein Browser-Plugin, das Benutzern die Suche erleichtert, ohne zur Google-Startseite navigieren zu müssen. Im selben Jahr führte Google ein **Google AdWords**, seine Online-Werbeplattform. AdWords ermöglichte es Unternehmen, über ein Pay-per-Click-Modell auf den Suchergebnisseiten von Google zu werben, wodurch die Online-Werbung revolutioniert und eine neue Einnahmequelle geschaffen wurde, die das Wachstum von Google vorantreiben würde.

2.3. Werden Sie zur bevorzugten Suchmaschine im Web

In den frühen 2000er Jahren war Google dank seines PageRank-Algorithmus und seiner optimierten Benutzeroberfläche zur beliebtesten

Suchmaschine der Welt geworden und übertraf
Konkurrenten wie Yahoo! und AltaVista. Im
Jahr 2004 verarbeitete Google täglich über 200
Millionen Suchanfragen. Seine Dominanz auf
dem Suchmaschinenmarkt war nun fest etabliert.

3. Google expandiert: Diversifizierung über die Suche hinaus (2004–2010)

Als Google seine Dominanz auf dem
Suchmaschinenmarkt festigte, begann das
Unternehmen, seine Dienste zu erweitern und in
andere Bereiche zu diversifizieren.

3.1. Der Google-Börsengang (2004)

Im Jahr 2004 ging Google an die Börse und bot
am 19. August seinen Börsengang (IPO) an. Der
Börsengang brachte 1,67 Milliarden US-Dollar
ein, was Google eine Marktbewertung von 23
Milliarden US-Dollar bescherte. Die Gründer
des Unternehmens, Page und Brin, behielten

durch eine einzigartige Aktienstruktur die
Mehrheitskontrolle. Dieser finanzielle Erfolg
ermöglichte es Google, erhebliche Investitionen
sowohl in Innovationen als auch in
Akquisitionen zu tätigen.

3.2. Gmail, Karten und andere wichtige Produkte

2004 war auch das Gründungsjahr von Google
Google Mail, ein webbasierter E-Mail-Dienst,
der Benutzern 1 GB Speicherplatz bot, was
damals im Vergleich zu Konkurrenten wie
Yahoo! revolutionär war. Mail und Hotmail. Die
einfache Benutzeroberfläche und die große
Speicherkapazität machten Gmail schnell zu
einer beliebten Wahl bei den Nutzern.

Im Jahr 2005 führte Google ein **Google Maps**,
ein Web-Kartendienst, der Wegbeschreibungen,
Satellitenbilder und Straßenkarten bereitstellt.
Google Maps wurde bald durch die Einführung
von erweitert **Google Earth**, mit dem Benutzer
virtuelle 3D-Darstellungen des Planeten
erkunden konnten. Beide Produkte festigten die

Rolle von Google als Informationsanbieter weiter.

In diesem Zeitraum führte Google auch mehrere andere Schlüsselprodukte ein, darunter **Google News**, **Google Scholar**, Und **Google Analytics**, wodurch sein Einfluss auf die Websuche, das Sammeln von Informationen und das Online-Marketing ausgeweitet wird.

3.3. YouTube-Übernahme (2006)

Im Jahr 2006 tätigte Google mit dem Kauf eine seiner bedeutendsten Akquisitionen **YouTube** für Aktien im Wert von 1,65 Milliarden US-Dollar. YouTube, eine schnell wachsende Video-Sharing-Plattform, verschaffte Google eine riesige Nutzerbasis und positionierte das Unternehmen als Marktführer für Online-Videoinhalte. Heute ist YouTube eine der größten Plattformen im Internet und stärkt die Dominanz von Google im digitalen Raum weiter.

4. Die Android-Revolution und die mobile Expansion (2007–2014)

Mitte der 2000er Jahre zeichnete sich der Aufstieg von mobilem Internet und Smartphones ab und Google erkannte die Notwendigkeit einer Diversifizierung in mobile Technologien.

4.1. Android-Akquisition und -Wachstum

Im Jahr 2005 wurde Google übernommen **Android Inc.**, ein kleines Startup, das ein Betriebssystem für mobile Geräte entwickelte. Zwei Jahre später, im Jahr 2007, führte Google das offiziell ein **Android** mobiles Betriebssystem, eine Open-Source-Plattform, die Geräteherstellern Anpassungen und Innovationen ermöglichte. Android gewann schnell an Popularität und entwickelte sich weltweit zum dominierenden mobilen Betriebssystem.

Der Start des **Google Play Store** (ursprünglich Android Market) trug weiter zum Wachstum von Android bei, da Benutzer Apps und Spiele von

der Plattform herunterladen konnten. Mit dem
Aufstieg von Android festigte Google seinen
Platz in der mobilen Welt und schuf ein
Multimilliarden-Dollar-Ökosystem, das später in
seine Dienste wie Gmail, Google Maps und
YouTube integriert werden sollte.

4.2. Chrome-Browser und Chrome OS

Im Jahr 2008 startete Google das **Google
Chrome** Webbrowser, der aufgrund seiner
Geschwindigkeit, Einfachheit und Effizienz
schnell an Popularität gewann. Im Jahr 2012
überholte Chrome den Internet Explorer von
Microsoft und wurde zum weltweit beliebtesten
Webbrowser. Chrome diente auch als Grundlage
für **Chrome OS**, ein leichtes Betriebssystem für
Laptops und Desktops, bekannt als
Chromebooks.

---

5. Googles neue Ära: Alphabet Inc. und darüber hinaus (2015–heute)

5.1. Alphabet Inc. (2015)

Im Jahr 2015 hat sich Google unter einer neuen Muttergesellschaft namens umstrukturiert **Alphabet Inc.**, eine Holdinggesellschaft, die Google und seine anderen Unternehmen überwacht, einschließlich seiner Forschungsabteilungen (Google X), Biowissenschaften (Verily) und selbstfahrende Autos (Waymo). Dieser Schritt sollte den Investoren mehr Transparenz bieten und Google mehr Flexibilität für Innovationen außerhalb seiner Kerngeschäfte im Bereich Suche und Werbung geben.

5.2. Google Cloud und künstliche Intelligenz

In diesem Zeitraum hat Google erhebliche Investitionen getätigt **Cloud-Computing** durch **Google Cloud** und entwickelte Technologien der künstlichen Intelligenz (KI). KI-Tools wie **Google Assistant** Und **Google Translate** begann mit der Integration von Algorithmen für maschinelles Lernen, um die Leistung und das Benutzererlebnis zu verbessern.

5.3. Die Expansion in die Hardware

In den letzten Jahren hat Google mit der
Einführung von Produkten wie z. B. den Bereich
Hardware erweitert **Google Pixel** Smartphones,
Google Home intelligente Lautsprecher und
Nest Smart-Home-Geräte. Diese
Hardware-Angebote, kombiniert mit den
Software- und KI-Fähigkeiten von Google,
positionieren das Unternehmen an der Spitze der
Märkte für Smart Home und vernetzte Geräte.

---

6. Google Today: Eine globale Kraft

Heute ist Google ein Synonym für das Internet.
Es wird verarbeitet **3,5 Milliarden
Suchanfragen** jeden Tag und seine Dienste –
von Gmail über Google Drive bis YouTube –
werden von Milliarden Menschen weltweit
genutzt. Der Einfluss von Google geht weit über
die Suche hinaus und prägt Branchen wie
Werbung, mobile Betriebssysteme, Cloud

Computing, künstliche Intelligenz und Hardware.

Die Muttergesellschaft von Google, Alphabet Inc., hat einen Marktwert von über 1 Billion US-Dollar und ist damit eines der größten Unternehmen der Welt. Trotz Herausforderungen im Zusammenhang mit Datenschutz, Datennutzung und behördlicher Kontrolle ist Google weiterhin führend bei Innovationen im Technologiebereich und arbeitet an Projekten, die vom Quantencomputing bis hin zu selbstfahrenden Autos reichen.

Einführung in Google Chrome

Google Chrome ist einer der beliebtesten Webbrowser der Welt und bekannt für seine Geschwindigkeit, Einfachheit und Vielseitigkeit. Unabhängig davon, ob Sie mit dem Surfen im Internet völlig neu sind oder von einem anderen Browser wechseln, bietet Chrome ein nahtloses Erlebnis auf allen Geräten.

Was ist Google Chrome?

Google Chrome ist ein kostenloser Webbrowser, der von Google entwickelt wurde und es Benutzern ermöglicht, auf Websites, Online-Anwendungen und Multimedia-Inhalte zuzugreifen und mit ihnen zu interagieren. Chrome wurde 2008 veröffentlicht und erfreute sich aufgrund seiner übersichtlichen Benutzeroberfläche, der schnellen Leistung und der Fokussierung auf die Bereitstellung eines sicheren und benutzerfreundlichen Web-Erlebnisses schnell großer Beliebtheit.

Im Gegensatz zu älteren Browsern, die Wert auf ein übersichtlicheres Layout legten, führte Chrome ein minimalistisches Design ein, das den Webinhalt in den Vordergrund stellt. Es basiert auf einem Open-Source-Projekt namens **Chrom**, was eine kontinuierliche Innovation und Verbesserung gewährleistet.

Hauptmerkmale von Google Chrome:

- **Geschwindigkeit**: Chrome ist darauf optimiert, Websites und Webanwendungen schnell zu laden, was es zu einem Favoriten für Benutzer macht, die schnelles Surfen benötigen.
- **Einfachheit**: Die Benutzeroberfläche ist minimalistisch, mit einer einfach zu

navigierenden Symbolleiste, einer Adressleiste (Omnibox) und einigen wichtigen Schaltflächen zum Verwalten von Registerkarten und Einstellungen.

- **Sicherheit**: Google Chrome enthält integrierte Funktionen, die Benutzer vor Phishing-Angriffen, Malware und anderen Sicherheitsbedrohungen schützen. Regelmäßige Updates stellen sicher, dass Benutzer immer die sicherste Version verwenden.

- **Plattformübergreifende Funktionalität**: Chrome synchronisiert sich nahtlos auf allen Geräten, sodass Sie von jedem Gerät aus, auf dem Chrome installiert ist, auf Ihre Lesezeichen, Ihren Verlauf und Ihre gespeicherten Passwörter zugreifen können.

Hauptmerkmale und Vorteile

Google Chrome ist vollgepackt mit Funktionen, die das Surferlebnis für Benutzer aller

Erfahrungsstufen verbessern sollen. Unabhängig davon, ob Sie Chrome zum gelegentlichen Surfen oder für anspruchsvollere Aufgaben verwenden, bietet es leistungsstarke Tools, die Ihr Erlebnis reibungsloser, sicherer und effizienter machen.

1. Geschwindigkeit und Leistung: Chrome ist für seine beeindruckende Geschwindigkeit bekannt, vom Laden von Webseiten bis zur Ausführung komplexer Webanwendungen. Es ist **V8-JavaScript-Engine** sorgt für eine schnellere Skriptverarbeitung, während **DNS-Vorabruf** sagt Links vorher und lädt sie, bevor Sie überhaupt darauf klicken. Die optimierte Architektur von Chrome reduziert außerdem die Belastung der Systemressourcen und macht ihn schneller als viele andere Browser.

2. Omnibox (kombinierte Such- und Adressleiste): Eine der herausragenden Funktionen von Chrome ist die **Omnibox**– ein einheitlicher Bereich, in dem Sie sowohl Website-URLs als auch Suchanfragen eingeben können. Anstatt zwischen einem Suchfeld und einer Adressleiste zu wechseln, erkennt die Omnibox von Chrome automatisch, ob Sie nach einer Website suchen oder eine URL eingeben. Es bietet auch Vorschläge basierend auf dem Browserverlauf, Lesezeichen und Suchvorhersagen.

3. Tab-Verwaltung: Chrome erleichtert die gleichzeitige Verwaltung mehrerer Tabs. Sie können beliebig viele Tabs öffnen, ohne den Browser zu verlangsamen. Chrome enthält auch Optionen für **Tabs anheften, Gruppierungsregisterkarten**, Und **Stummschalten bestimmter Registerkarten** die Audio abspielen. Diese Funktionen tragen dazu bei, dass Ihr Surfen organisierter und weniger chaotisch bleibt.

4. Geräteübergreifende Synchronisierung: Mit einem Google-Konto ermöglicht Chrome **Synchronisierung** auf mehreren Geräten – egal, ob Sie einen Desktop-Computer, Laptop, Tablet oder Smartphone verwenden. Sobald Sie sich bei Ihrem Google-Konto angemeldet haben, synchronisiert Chrome Ihre Lesezeichen, Ihren

Browserverlauf, gespeicherte Passwörter, Erweiterungen und sogar geöffnete Tabs auf allen Geräten.

5. Sicherheit und Datenschutz: Chrome wird ständig aktualisiert, um Schwachstellen zu beheben und den Benutzerschutz zu verbessern. Es verfügt über **Sicheres Surfen**, das Benutzer warnt, wenn sie versuchen, potenziell gefährliche Websites zu besuchen. Chrome hat auch eine **Inkognito-Modus** für private Browsersitzungen, bei denen Ihr Browserverlauf, Cookies oder Websitedaten nicht gespeichert werden.

6. Erweiterungen und Anpassungen: Der Chrome Web Store bietet Tausende von Erweiterungen und Themes, mit denen Benutzer ihr Surferlebnis individuell anpassen können. Egal, ob Sie ein Produktivitätstool, einen Werbeblocker oder sogar ein visuelles Design benötigen, mit Chrome können Sie den Browser an Ihre Vorlieben anpassen.

7. Automatische Updates: Chrome aktualisiert sich automatisch im Hintergrund und stellt so sicher, dass Sie immer über die neuesten Funktionen und Sicherheitspatches verfügen, ohne dass ein manueller Eingriff erforderlich ist.

8. Entwicklertools: Für fortgeschrittenere Benutzer enthält Chrome eine Reihe von Entwicklertools, mit denen Website-Entwickler Websites überprüfen und debuggen, die Leistung überwachen und mit Code in Echtzeit experimentieren können.

Chrome auf verschiedenen Geräten installieren

Google Chrome ist für eine Vielzahl von Plattformen verfügbar, darunter Windows, macOS, Android und iOS. So können Sie Chrome auf diesen Geräten installieren:

Chrome unter Windows installieren

1. **Laden Sie Chrome herunter:**

- o Öffnen Sie einen beliebigen Webbrowser auf Ihrem Computer (z. B. Microsoft Edge).
- o Besuchen Sie die offizielle Chrome-Downloadseite unter google.com/chrome.
- o Klicken Sie auf die Schaltfläche „Chrome herunterladen".

2. **Installieren Sie Chrome**:
   - o Sobald die Datei ChromeSetup.exe heruntergeladen ist, klicken Sie darauf, um die Installation zu starten.
   - o Befolgen Sie die Anweisungen, um den Installationsvorgang abzuschließen.
   - o Nach der Installation wird Chrome automatisch geöffnet und Sie können mit dem Surfen beginnen.

3. **Optional: Legen Sie Chrome als Standardbrowser fest**:
   - o Nach der Installation werden Sie möglicherweise von Chrome gefragt, ob Sie es als

Standardbrowser festlegen
möchten. Wenn Sie zustimmen,
öffnet Chrome standardmäßig alle
Weblinks.

Chrome unter macOS installieren

1. **Laden Sie Chrome herunter**:
   - Öffnen Sie Safari oder einen
     anderen Browser auf Ihrem Mac
     und besuchen Sie
     google.com/chrome.
   - Klicken Sie auf „Chrome
     herunterladen" und die .dmg-Datei
     wird heruntergeladen.
2. **Installieren Sie Chrome**:
   - Öffnen Sie die heruntergeladene
     Datei (googlechrome.dmg).
   - Ziehen Sie das Chrome-Symbol in
     Ihren Anwendungsordner.
3. **Öffnen Sie Chrome**:
   - Öffnen Sie nach der Installation den
     Chrome-Browser über den
     Anwendungsordner oder das
     Launchpad.

4. **Als Standardbrowser festlegen**:
    o Chrome fragt Sie, ob Sie es als
       Standardbrowser für alle Weblinks
       festlegen möchten. Sie können es
       festlegen oder Ihren aktuellen
       Standardbrowser beibehalten.

Chrome auf Android installieren

1. **Öffnen Sie den Google Play Store**:
    o Öffnen Sie auf Ihrem
       Android-Gerät die Play Store-App.
2. **Suchen Sie nach Google Chrome**:
    o Geben Sie in der Suchleiste
       „Google Chrome" ein und wählen
       Sie es aus den Ergebnissen aus.
3. **Installieren Sie Chrome**:
    o Tippen Sie auf die Schaltfläche
       „Installieren", um Chrome
       herunterzuladen und auf Ihrem
       Gerät zu installieren.
4. **Öffnen Sie Chrome**:
    o Öffnen Sie nach der Installation die
       Chrome-App auf Ihrem

Startbildschirm oder in der
App-Schublade.

Chrome auf iOS (iPhone/iPad) installieren

1. **Öffnen Sie den App Store**:
   - ○ Öffnen Sie auf Ihrem iPhone oder
     iPad den App Store.
2. **Suchen Sie nach Google Chrome**:
   - ○ Geben Sie in der Suchleiste
     „Google Chrome" ein und wählen
     Sie es aus der Liste aus.
3. **Installieren Sie Chrome**:
   - ○ Tippen Sie auf „Get", um Chrome
     herunterzuladen und zu installieren.
4. **Öffnen Sie Chrome**:
   - ○ Öffnen Sie Chrome nach der
     Installation auf Ihrem
     Startbildschirm.
5. **Optional: Chrome als Standardbrowser
   festlegen (iOS 14 und höher)**:
   - ○ Gehe zu **Einstellungen** > **Chrom** >
     Standard-Browser-App, und
     wählen Sie **Chrom** um ihn als Ihren
     Standardbrowser festzulegen.

Erste Schritte mit Google Chrome

Nachdem Sie Google Chrome installiert haben, ist es an der Zeit, sich mit den Grundlagen der Verwendung des Browsers zu befassen. In diesem Abschnitt erfahren Sie, wie Sie Chrome zum ersten Mal starten, wie Sie die Benutzeroberfläche verstehen und wie Sie Chrome als Standardbrowser festlegen.

Google Chrome zum ersten Mal starten

Sobald Google Chrome auf Ihrem Gerät installiert ist, ist der erste Start ganz einfach und

erfordert je nach verwendeter Plattform nur
wenige Schritte.

Unter Windows

1. **Suchen Sie das Chrome-Symbol**:
   ○ Nach der Installation fügt Google
     Chrome möglicherweise
     automatisch eine Verknüpfung zu
     Ihrem Desktop hinzu. Wenn es dort
     ist, doppelklicken Sie auf das
     Chrome-Symbol.
   ○ Wenn es sich nicht auf Ihrem
     Desktop befindet, finden Sie es im
     Startmenü. Klicken Sie auf
     Start-Taste (oder drücken Sie die
     Windows-Taste) und suchen Sie
     nach „Google Chrome". Sobald Sie
     es gefunden haben, klicken Sie auf
     das Chrome-Symbol, um den
     Browser zu starten.
2. **Erstmalige Einrichtung**:
   ○ Wenn Chrome zum ersten Mal
     gestartet wird, werden Sie
     möglicherweise gefragt, ob Sie

Chrome zu Ihrem Standardbrowser machen und sich mit Ihrem Google-Konto anmelden möchten. Sie können diese Einrichtung je nach Wunsch überspringen oder fortfahren.

o Möglicherweise werden Sie auch aufgefordert, Lesezeichen, Verlauf und Einstellungen aus einem anderen Browser zu importieren.

Auf macOS

1. **Öffnen Sie den Finder**:
   o Nach der Installation kann Chrome gestartet werden **Anwendungen** Ordner. Öffnen Sie den Finder und klicken Sie auf **Anwendungen**und suchen Sie das Google Chrome-Symbol.

2. **Starten Sie Chrome**:
   o Doppelklicken Sie auf das Chrome-Symbol, um den Browser zu öffnen.

○ Für einen schnellen Zugriff ziehen Sie das Chrome-Symbol auf Ihr Dock, damit Sie es in Zukunft problemlos öffnen können.

3. **Ersteinrichtung**:

○ Wenn Sie Chrome zum ersten Mal öffnen, werden Sie von macOS aufgefordert, zu bestätigen, dass Sie die Anwendung öffnen möchten (da sie aus dem Internet heruntergeladen wurde). Klicken **Offen** fortfahren.

○ Ähnlich wie bei Windows werden Sie möglicherweise von Chrome gefragt, ob Sie es zu Ihrem Standardbrowser machen und sich mit einem Google-Konto anmelden möchten.

Auf Android

1. **Suchen Sie die Chrome-App**:

○ Nach der Installation finden Sie Chrome in Ihrer App-Schublade. Öffnen Sie die App-Schublade, indem Sie vom Startbildschirm nach oben wischen oder auf das App-Schublade-Symbol tippen.

2. **Starten Sie Chrome**:
   - Tippen Sie auf das Chrome-Symbol, um es zu öffnen.
   - Wenn Sie Chrome zum ersten Mal starten, werden Sie vom Browser gefragt, ob Sie Chrome zu Ihrem Standard-Webbrowser machen möchten. Sie können sich auch mit Ihrem Google-Konto anmelden, um Ihre Lesezeichen und Ihren Browserverlauf geräteübergreifend zu synchronisieren.

Auf iOS (iPhone/iPad)

1. **Finden Sie Chrome in Ihren Apps**:
   - Suchen Sie nach der Installation die Chrome-App auf Ihrem Startbildschirm. Es wird wie jede andere App aussehen.
2. **Starten Sie Chrome**:

- ○ Tippen Sie auf das
  Chrome-Symbol, um den Browser
  zu öffnen.
- ○ Chrome fragt Sie, ob Sie sich bei
  Ihrem Google-Konto anmelden und
  Ihre Einstellungen
  geräteübergreifend synchronisieren
  möchten. Sie können dies tun oder
  diesen Schritt vorerst überspringen.

Die Chrome-Benutzeroberfläche verstehen (Tabs, Adressleiste, Menü)

Einer der Gründe, warum Chrome so beliebt ist, ist seine einfache und intuitive Benutzeroberfläche. Sobald Sie den Browser geöffnet haben, hilft Ihnen das Verständnis seines Layouts dabei, auf Websites zu navigieren, Registerkarten zu verwalten und wichtige Funktionen effizient zu nutzen. Lassen Sie uns die wichtigsten Komponenten der Chrome-Benutzeroberfläche aufschlüsseln.

1. Registerkarten

Mithilfe von Registerkarten können Sie mehrere Webseiten im selben Browserfenster öffnen, sodass Sie problemlos zwischen Websites wechseln können, ohne eine schließen zu müssen, um auf eine andere zuzugreifen.

- **Neue Tabs öffnen**:
    - Um einen neuen Tab zu öffnen, klicken Sie auf das kleine „+"-Symbol oben im Chrome-Fenster (neben dem zuletzt geöffneten Tab).
    - Alternativ können Sie die Tastenkombination verwenden **Strg + T** (Windows) bzw **Befehl + T** (Mac).
- **Zwischen Tabs wechseln**:
    - Jede Registerkarte wird oben im Chrome-Fenster angezeigt. Klicken Sie einfach auf eine Registerkarte, um deren Inhalt anzuzeigen.
- **Tabs schließen**:

- ○ Um eine Registerkarte zu schließen, klicken Sie auf das kleine „X" auf der rechten Seite der Registerkarte oder verwenden Sie die Verknüpfung **Strg + W** (Windows) bzw **Befehl + W** (Mac).
- **Tabs neu anordnen**:
  - ○ Sie können Tabs per Drag-and-Drop neu anordnen.
- **Angepinnte Tabs**:
  - ○ Mit Chrome können Sie häufig verwendete Tabs „anheften". Um eine Registerkarte anzuheften, klicken Sie mit der rechten Maustaste darauf und wählen Sie **Pin-Registerkarte**. Angeheftete Laschen bleiben ganz links und nehmen weniger Platz ein, sodass sie immer griffbereit sind.

2. Adressleiste (Omnibox)

Die Adressleiste, auch bekannt als **Omnibox**ist eine leistungsstarke Funktion, die gleichzeitig als URL-Eingabefeld und Suchleiste dient.

- **Eingabe einer URL**:
  - ○ Sie können die URL einer Website direkt in die Adressleiste eingeben und drücken **Eingeben**. Zum Beispiel Tippen www.google.com und wenn Sie die Eingabetaste drücken, gelangen Sie zur Google-Startseite.
- **Suche über die Adressleiste**:
  - ○ Sie können auch die Adressleiste verwenden, um eine Google-Suche durchzuführen. Geben Sie einfach Ihre Suchanfrage ein (z. B. „Beste Restaurants in meiner Nähe") und drücken Sie die Eingabetaste.
- **Automatische Vervollständigung und Vorschläge**:
  - ○ Während Sie etwas in die Adressleiste eingeben, schlägt Chrome automatisch Websites vor, die auf Ihrem Browserverlauf, Ihren Lesezeichen und häufig besuchten Websites basieren. Sie können auf

einen dieser Vorschläge klicken, um
direkt zu dieser Seite zu gelangen.

- **Website-Informationen und Sicherheit**:
  - ○ Links neben der URL sehen Sie ein
    kleines Symbol (normalerweise ein
    Vorhängeschloss). Dieses Symbol
    zeigt den Sicherheitsstatus der
    Website an:
    - ■ **Vorhängeschloss**: Die
      Website ist sicher und
      verwendet Verschlüsselung.
    - ■ **Nicht sicher**Hinweis: Die
      Website verwendet keine
      Verschlüsselung und alle von
      Ihnen eingegebenen
      Informationen (z. B.
      Passwörter) könnten
      offengelegt werden.

3. Menü (Einstellungen und Tools)

In der oberen rechten Ecke des Chrome-Fensters
sehen Sie ein Dreipunktsymbol. Das ist das
Speisekarte, wodurch Sie Zugriff auf die

Chrome-Einstellungen und andere Tools
erhalten.

- **Öffnen des Menüs**:
  - Klicken Sie auf die drei Punkte, um ein Dropdown-Menü mit verschiedenen Optionen anzuzeigen. Hier sind einige der am häufigsten verwendeten Optionen:
- **Neuer Tab, neues Fenster und Inkognito-Modus**:
  - Mit den ersten paar Optionen können Sie neue Tabs öffnen, ein neues Browserfenster öffnen oder darin navigieren **Inkognito-Modus** (ein privater Browsermodus, bei dem Ihr Verlauf und Ihre Cookies nicht gespeichert werden).
- **Geschichte**:
  - Klicken **Geschichte** zeigt eine Liste der zuletzt besuchten Websites an. Von hier aus können Sie geschlossene Tabs erneut öffnen

oder Ihren Browserverlauf
verwalten.

- **Downloads**:
  - ○ In diesem Abschnitt können Sie
    Dateien anzeigen, die Sie aus dem
    Internet heruntergeladen haben.
- **Lesezeichen**:
  - ○ Wenn Sie Websites mit Lesezeichen
    versehen haben, können Sie über
    das schnell darauf zugreifen
    Lesezeichen Abschnitt. Sie können
    Ihre Lesezeichen auch verwalten,
    indem Sie neue hinzufügen oder sie
    in Ordnern organisieren.
- **Einstellungen**:
  - ○ Klicken Sie auf **Einstellungen**
    öffnet die
    Hauptkonfigurationsoptionen von
    Chrome. Von hier aus können Sie
    alles anpassen, von Ihrer Homepage
    bis hin zu den
    Datenschutzeinstellungen.

Chrome als Standardbrowser festlegen

Wenn Sie Google Chrome zu Ihrem Standardbrowser machen, stellen Sie sicher, dass alle Weblinks, auf die Sie klicken (aus E-Mails, Dateien oder anderen Apps), automatisch in Chrome geöffnet werden. So legen Sie Chrome auf verschiedenen Plattformen als Standardbrowser fest.

Unter Windows

1. **Öffnen Sie Chrome**:
   o Öffnen Sie Google Chrome und klicken Sie auf die drei Punkte in der oberen rechten Ecke, um das Menü zu öffnen.
2. **Greifen Sie auf Einstellungen zu**:
   o Klicken Sie im Dropdown-Menü auf **Einstellungen**.
3. **Als Standard festlegen**:
   o Scrollen Sie nach unten zum Abschnitt mit der Bezeichnung **Standardbrowser**.

- ○ Klicken Sie auf **Als Standard festlegen** Taste.

4. **Bestätigen Sie in den Windows-Einstellungen**:
   - ○ Windows öffnet das **Standard-Apps** Einstellungsfenster. Im **Webbrowser** Abschnitt auswählen **Google Chrome** aus der Liste der verfügbaren Browser.

Auf macOS

1. **Öffnen Sie Chrome**:
   - ○ Starten Sie Chrome und klicken Sie auf die drei Punkte in der oberen rechten Ecke, um auf das Menü zuzugreifen.

2. **Gehen Sie zu Einstellungen**:
   - ○ Wählen Sie im Dropdown-Menü aus **Einstellungen**.

3. **Als Standard festlegen**:
   - ○ Scrollen Sie zu **Standardbrowser** Abschnitt und klicken Sie **Machen**

Sie Google Chrome zum Standardbrowser.

4. **Bestätigen Sie unter macOS**:
   - Wenn Sie von macOS dazu aufgefordert werden, bestätigen Sie Ihre Auswahl durch Auswählen **Verwenden Sie Chrome** als Standardoption.

Auf Android

1. **Öffnen Sie Einstellungen**:
   - Gehen Sie zu Ihrem Gerät **Einstellungen** App.
2. **Navigieren Sie zu Standard-Apps**:
   - Scrollen Sie nach unten zu **Apps** oder **App-Management**, und tippen Sie dann auf **Standard-Apps**.
3. **Legen Sie Chrome als Standard fest**:
   - Unter dem **Browser-App** Abschnitt auswählen **Google Chrome** um es zu Ihrem Standardbrowser zu machen.

Auf iOS (iPhone/iPad)

1. **Öffnen Sie Einstellungen**:
   - Gehen Sie zum iOS **Einstellungen** App.
2. **Finden Sie Chrome**:
   - Scrollen Sie nach unten und tippen Sie auf **Chrom** aus der Liste der installierten Apps.
3. **Als Standardbrowser festlegen**:
   - Tippen Sie auf **Standard-Browser-App**, dann auswählen **Chrom** aus den Optionen.

Navigieren im Web mit Google Chrome

Sobald Sie mit den Grundlagen von Google Chrome vertraut sind, ist es an der Zeit, seine Kernfunktionalität zu erkunden: das Navigieren im Web. Chrome bietet verschiedene Tools zur Verbesserung Ihres Surferlebnisses, von der Eingabe von URLs über die Suche im Internet bis hin zur Verwaltung von Tabs und Lesezeichen.

Eingeben von URLs und Suchen mit der Omnibox von Chrome

Google Chrome's **Omnibox** ist eines der vielseitigsten und leistungsstärksten Tools im

Browser. Es dient sowohl als Adressleiste als auch als Suchmaschine und erleichtert die Navigation im Internet, ohne zwischen verschiedenen Eingabefeldern wechseln zu müssen.

1. URLs in die Omnibox eingeben

Mit der Omnibox können Sie direkt die URL (Uniform Resource Locator) einer Website eingeben, um diese zu besuchen.

- **So geben Sie eine URL ein**:
  - ○ Klicken Sie einfach auf die Omnibox oben in Ihrem Chrome-Fenster und geben Sie die Adresse der Website ein (z. B. www.example.com) und drücken Sie **Eingeben** auf Ihrer Tastatur.
- **Vorschläge zur automatischen Vervollständigung**:
  - ○ Wenn Sie mit der Eingabe beginnen, bietet Chrome Vorschläge basierend auf Ihrem Browserverlauf, Ihren Lesezeichen

und beliebten Websites. Mit diesen
Vorschlägen können Sie schnell auf
Websites zugreifen, ohne die
vollständige URL eingeben zu
müssen.

- **Sichere Verbindungen (HTTPS)**:
  - ○ Chrome zeigt in der Omnibox ein
    Vorhängeschlosssymbol an, um
    darauf hinzuweisen, dass die von
    Ihnen besuchte Website HTTPS
    verwendet, ein sicheres Protokoll,
    das Ihre Daten verschlüsselt.
    Achten Sie immer auf dieses
    Vorhängeschloss, wenn Sie
    vertrauliche Informationen wie
    Passwörter oder Zahlungsdetails
    eingeben.

2. Durchsuchen des Webs mit der Omnibox

Die Omnibox fungiert auch als Suchleiste,
sodass Sie das Internet durchsuchen können,
ohne die Homepage einer Suchmaschine
besuchen zu müssen.

- **So führen Sie eine Suche durch**:
  - Anstatt eine URL einzugeben, können Sie einfach eine Suchanfrage (z. B. „beste italienische Restaurants in meiner Nähe") direkt in die Omnibox eingeben und drücken **Eingeben**.
- **Integration der Google-Suche**:
  - Standardmäßig verwendet Chrome die Google-Suche für alle in der Omnibox eingegebenen Suchanfragen. Sie können jedoch die Standardsuchmaschine (z. B. Bing oder DuckDuckGo) über die Chrome-Einstellungen ändern.
- **Sofortige Vorschläge**:
  - Während Sie tippen, stellt Chrome sofort Vorschläge bereit, darunter häufig gesuchte Begriffe, Websites oder sogar relevante Antworten auf Ihre Frage. Diese Vorschläge tragen dazu bei, Ihr Surferlebnis zu beschleunigen, indem sie einen

schnellen Zugriff auf Informationen ermöglichen.

- **Suchverknüpfungen**:
  - ○ Für eine schnellere Navigation können Sie auch Verknüpfungen verwenden. Wenn Sie beispielsweise „Wetter" gefolgt von einem Städtenamen (z. B. „Wetter New York") direkt in die Omnibox eingeben, wird das aktuelle Wetter für diesen Ort angezeigt, ohne dass Sie eine separate Website besuchen müssen.

Browser-Tabs und Tab-Verwaltung verstehen

Mit der Tabbed-Browsing-Funktion von Chrome können Sie mehrere Websites gleichzeitig im selben Browserfenster öffnen. Eine effektive Tab-Verwaltung ist der Schlüssel zur Maximierung der Produktivität und zur Organisation Ihres Surferlebnisses.

1. Neue Tabs öffnen

Mithilfe von Registerkarten können Sie mehrere Webseiten gleichzeitig geöffnet lassen, sodass Sie problemlos zwischen ihnen wechseln können, ohne etwas zu schließen.

- **So öffnen Sie einen neuen Tab**:
  - Um eine neue Registerkarte zu öffnen, klicken Sie auf „+" Symbol neben Ihren aktuellen Tabs oben im Chrome-Fenster.
  - Alternativ können Sie auch die Tastenkombination verwenden **Strg + T** (Windows) bzw **Befehl + T** (Mac), um schnell einen neuen Tab zu öffnen.
- **Links in neuen Tabs öffnen**:
  - Wenn Sie sich auf einer Webseite befinden und einen Link in einem neuen Tab öffnen möchten, ohne die aktuelle Seite zu verlassen, klicken Sie mit der rechten Maustaste auf den Link und wählen

Sie aus „**Link in neuem Tab öffnen**".

○ Halten Sie auf Mobilgeräten den Link gedrückt und wählen Sie dann dieselbe Option aus.

2. Wechseln zwischen Tabs

Wenn Sie mehrere Registerkarten geöffnet haben, ist das Wechseln zwischen ihnen einfach.

- **Klicken Sie zum Wechseln**:
  ○ Jede geöffnete Registerkarte wird oben in Ihrem Browserfenster angezeigt. Klicken Sie auf eine beliebige Registerkarte, um sie in den Vordergrund zu bringen und ihren Inhalt anzuzeigen.
- **Tastaturkürzel**:
  ○ Mithilfe von Tastaturkürzeln können Sie schnell zwischen Registerkarten wechseln:
    ■ **Strg + Tab** (Windows) bzw **Befehlstaste + Wahltaste +**

Rechtspfeil (Mac) wechselt zur nächsten Registerkarte.

■ **Strg + Umschalt + Tab** (Windows) bzw **Befehlstaste + Wahltaste + Pfeil nach links** (Mac) wechselt zur vorherigen Registerkarte.

3. Tabs schließen

Wenn Sie mit einer Webseite fertig sind, können Sie die Registerkarte schließen, um Platz freizugeben und Unordnung zu vermeiden.

● **So schließen Sie einen Tab**:
  ○ Klicken Sie auf das kleine **"X"** Symbol auf der Registerkarte, die Sie schließen möchten. Sie können auch die Tastenkombination verwenden **Strg + W** (Windows) bzw **Befehl + W** (Mac), um die aktuelle Registerkarte zu schließen.

4. Geschlossene Tabs erneut öffnen

Wenn Sie einen Tab versehentlich schließen,
können Sie ihn mit Chrome schnell wieder
öffnen.

- **Zuletzt geschlossenen Tab erneut
  öffnen**:
  - Verwenden Sie die Verknüpfung
    Strg + Umschalt + T (Windows)
    bzw **Befehl + Umschalt + T** (Mac),
    um den zuletzt geschlossenen Tab
    erneut zu öffnen.
- **Verlaufsmenü**:
  - Alternativ können Sie auch auf
    klicken **Drei-Punkte-Menü** (obere
    rechte Ecke), navigieren Sie zu
    Geschichteund sehen Sie sich eine
    Liste der zuletzt geschlossenen Tabs
    an.

5. Mehrere Registerkarten verwalten

Je mehr Tabs Sie öffnen, desto schwieriger wird
es, den Überblick zu behalten. Chrome bietet
mehrere Funktionen, die Ihnen helfen, den
Überblick zu behalten.

- **Tabs neu anordnen**:
  - ○ Sie können Registerkarten per Drag-and-Drop verschieben, um ihre Reihenfolge zu ändern. Dies ist nützlich, wenn Sie mehrere Tabs geöffnet haben und bestimmte Websites priorisieren möchten.
- **Tabs anheften**:
  - ○ Sie können wichtige Tabs (z. B. Ihre E-Mail oder Ihren Kalender) anheften, damit sie in Ihrer Tab-Liste ganz oben bleiben. Klicken Sie mit der rechten Maustaste auf eine Registerkarte und wählen Sie sie aus **Pin-Registerkarte**. Angeheftete Tabs sind kleiner und werden immer auf der linken Seite der Tab-Leiste platziert.
- **Registerkartengruppen**:
  - ○ Mit Chrome können Sie verwandte Registerkarten gruppieren. Klicken Sie mit der rechten Maustaste auf eine Registerkarte und wählen Sie

sie aus **Zu neuer Gruppe hinzufügen**. Sie können der Gruppe einen Namen geben und eine Farbe zuweisen, um Ihre geöffneten Tabs optisch zu organisieren.

So setzen Sie Lesezeichen für Ihre Lieblingsseiten

Lesezeichen sind eine großartige Möglichkeit, Ihre Lieblingswebsites für einen einfachen Zugriff zu speichern. Mit dem Lesezeichensystem von Chrome können Sie häufig besuchte Seiten mit nur einem Klick speichern, organisieren und darauf zugreifen.

1. Erstellen eines Lesezeichens

Um ein Lesezeichen zu erstellen, speichern Sie einfach die URL der Website, die Sie in Zukunft erneut besuchen möchten.

- **Klicken Sie auf das Sternsymbol:**

- ○ Klicken Sie auf der Webseite, die Sie mit einem Lesezeichen versehen möchten, auf **Stern** Symbol ganz rechts in der Omnibox.
- **Wählen Sie einen Ordner**:
  - ○ Nachdem Sie auf das Sternsymbol geklickt haben, erscheint ein Dialogfeld. Sie können Ihrem Lesezeichen einen Namen geben und auswählen, wo es gespeichert werden soll, z **Lesezeichenleiste** oder ein benutzerdefinierter Ordner.
- **Verwenden von Tastaturkürzeln**:
  - ○ Sie können auch die Verknüpfung verwenden **Strg + D** (Windows) bzw **Befehl + D** (Mac), um eine Seite schnell mit einem Lesezeichen zu versehen.

2. Zugriff auf mit Lesezeichen versehene Seiten

Auf Ihre Lesezeichen können Sie ganz einfach über Chrome zugreifen **Lesezeichenleiste** oder die **Lesezeichen-Menü**.

- **Lesezeichenleiste**:
    - Die Lesezeichenleiste erscheint direkt unter der Omnibox und zeigt Ihre am häufigsten verwendeten Lesezeichen an. Sie können die Lesezeichenleiste ein- oder ausschalten, indem Sie drücken **Strg + Umschalt + B** (Windows) bzw **Befehl + Umschalt + B** (Mac).
- **Lesezeichen-Menü**:
    - Sie können auch auf alle Ihre Lesezeichen zugreifen, indem Sie auf klicken **Drei-Punkte-Menü** und navigieren zu **Lesezeichen** > **Lesezeichen-Manager**. Von hier aus können Sie alle Ihre gespeicherten Lesezeichen anzeigen, bearbeiten und organisieren.

3. Organisieren Sie Ihre Lesezeichen

Wenn Sie viele Lesezeichen haben, können Sie diese leichter in Ordnern organisieren, um das Gesuchte leichter zu finden.

- **Erstellen Sie Ordner**:
  - Öffnen Sie die **Lesezeichen-Manager** (über das Menü oder durch Drücken von **Strg + Umschalt + O**), und klicken Sie dann **Organisieren** > **Ordner hinzufügen** um einen neuen Ordner zu erstellen. Sie können Lesezeichen per Drag-and-Drop in diese Ordner ziehen, um die Übersicht zu behalten.
- **Lesezeichen bearbeiten oder löschen**:
  - Um ein Lesezeichen zu bearbeiten oder zu löschen, öffnen Sie den Lesezeichen-Manager, klicken Sie mit der rechten Maustaste auf das Lesezeichen und wählen Sie **Bearbeiten** oder **Löschen**.

Verwenden des Chrome-Verlaufs zum erneuten Aufrufen von Seiten

Google Chrome zeichnet automatisch jede Website auf, die Sie besuchen. Dies ist hilfreich, wenn Sie eine Seite erneut besuchen möchten, sich aber nicht an die URL erinnern können oder wenn Sie versehentlich einen Tab geschlossen haben.

1. Anzeigen Ihres Browserverlaufs

Chrome's **Geschichte** Die Funktion speichert eine chronologische Liste der von Ihnen besuchten Websites, sodass Sie sie leicht finden und erneut besuchen können.

- **Zugriffsverlauf**:
  - Um auf Ihren Browserverlauf zuzugreifen, klicken Sie auf **Drei-Punkte-Menü** in der oberen rechten Ecke von Chrome und wählen Sie dann aus **Geschichte** > **Geschichte**.

- ○ Sie können auch die Verknüpfung verwenden **Strg + H** (Windows) bzw **Befehl + Y** (Mac), um die Verlaufsseite direkt zu öffnen.
- **Seiten erneut besuchen**:
  - ○ Auf der Seite „Verlauf" sehen Sie eine Liste der zuletzt besuchten Websites. Klicken Sie auf einen beliebigen Link, um diese Seite erneut zu öffnen.

2. Durchsuchen Sie Ihren Verlauf

Wenn Sie nach einer bestimmten Seite suchen, sich aber nicht erinnern können, wann Sie sie besucht haben, können Sie Ihren Browserverlauf durchsuchen.

- **Suchleiste**:
  - ○ Oben auf der Verlaufsseite finden Sie eine Suchleiste. Geben Sie ein beliebiges Schlüsselwort oder einen beliebigen Ausdruck ein, der sich auf die Seite bezieht, die Sie suchen (z. B. den Namen der Website oder

einen Teil der URL), und Chrome
zeigt alle relevanten Ergebnisse an.

3. Löschen Sie Ihren Verlauf

Wenn Sie aus Datenschutzgründen einen Teil
oder den gesamten Browserverlauf entfernen
möchten, können Sie dies in Chrome tun.

- **So löschen Sie den Verlauf**:
  - Um Ihren Browserverlauf zu
    löschen, klicken Sie auf
    Browserdaten löschen von der
    Seite „Verlauf". Sie können
    bestimmte Zeitbereiche löschen (z.
    B. letzte Stunde, letzte 24 Stunden,
    Gesamtzeit) und angeben, welche
    Daten gelöscht werden sollen
    (Browserverlauf, Cookies,
    zwischengespeicherte Dateien
    usw.).

Anpassen Google Chrome

Eine der größten Stärken von Google Chrome ist die Möglichkeit, es an Ihre Vorlieben anzupassen. Ganz gleich, ob Sie das Erscheinungsbild ändern, die Funktionalität durch Erweiterungen erweitern oder mehrere Benutzer über Profile verwalten möchten: Chrome bietet Ihnen zahlreiche Optionen, um Ihr Surferlebnis personalisierter und effizienter zu gestalten.

Ändern des Erscheinungsbilds von Chrome (Designs, Schriftarten und Layout)

Mit Google Chrome können Sie das Erscheinungsbild an Ihren persönlichen Geschmack anpassen. Von der Änderung des Browserdesigns bis hin zur Anpassung der Schriftgröße und des Schriftstils bietet Chrome zahlreiche Optionen, um Ihr Surferlebnis zu verbessern.

1. Anwenden von Designs in Chrome

Themes verändern das allgemeine Erscheinungsbild der Chrome-Benutzeroberfläche, einschließlich Hintergrund, Tab-Leiste und Omnibox. Chrome-Designs können hell oder dunkel, farbenfroh oder minimalistisch sein und sind in einer Vielzahl von Designs erhältlich.

- **So greifen Sie auf Chrome-Designs zu**:
  - Klicken Sie auf **Drei-Punkte-Menü** (obere rechte Ecke des Browsers) und navigieren Sie zu **Einstellungen** > **Aussehen** > **Thema**. Dadurch werden Sie zum weitergeleitet **Chrome Web Store**,

wo Sie verfügbare Themen durchsuchen können.

- **Installieren eines Themes**:
  - ○ Im Chrome Web Store können Sie nach einem Theme suchen, das Ihren Vorlieben entspricht. Wenn Sie eines gefunden haben, klicken Sie darauf und wählen Sie es aus **Zu Chrome hinzufügen**. Das Design wird sofort angewendet und ändert die Farbe und den Hintergrund Ihres Browsers.
- **Entfernen oder Zurücksetzen eines Themes**:
  - ○ Wenn Sie zum Standard-Erscheinungsbild von Chrome zurückkehren oder ein neues Design ausprobieren möchten, kehren Sie zu zurück **Einstellungen > Aussehen** und auswählen **Auf Standard zurücksetzen** um das aktuelle Thema zu entfernen.

2. Anpassen von Schriftarten in Chrome

Mit Chrome können Sie außerdem den Schriftstil und die Schriftgröße anpassen, um die Lesbarkeit zu verbessern. Dies ist besonders nützlich, wenn Sie häufig Websites mit kleinem Text besuchen oder die visuelle Attraktivität des Inhalts, den Sie lesen, verbessern möchten.

- **So ändern Sie die Schriftarteinstellungen**:
    - Navigieren Sie zu **Einstellungen > Aussehen > Anpassen Schriftarten**. Hier können Sie die anpassen **Schriftgröße** (Standard, klein oder groß) und wählen Sie sogar bestimmte Schriftarten für Standardtext, Serifenschriften und Monospace-Schriftarten aus.
- **Erweiterte Schriftartanpassung**:
    - Für mehr Kontrolle über die Schriftstile können Sie die Mindestschriftgröße manuell festlegen oder aus einer Vielzahl verfügbarer Schriftarten wie Arial,

Times New Roman oder Verdana auswählen.

3. Anpassen des Seitenlayouts (Zoom und Seitenskalierung)

Chrome bietet Optionen zur Layoutanpassung wie das Vergrößern und Verkleinern von Webseiten, wodurch Inhalte leichter lesbar werden oder mehr Informationen auf dem Bildschirm angezeigt werden können.

- **Seitenzoom**:
  - Klicken Sie zum Vergrößern oder Verkleinern auf **Drei-Punkte-Menü**, und darunter **Zoom**, verwenden Sie das Pluszeichen (+) oder minus (-)-Tasten, um die Zoomstufe anzupassen. Sie können auch die Tastaturkürzel verwenden **Strg + Plus** (vergrößern) oder **Strg + Minus** (herauszoomen) unter Windows, oder **Befehl + Plus** / **Befehl + Minus** auf dem Mac.

- **Vollbildmodus**:
  - Für ein ablenkungsfreies
    Surferlebnis drücken Sie **F11**
    (Windows) bzw **Befehl + Strg + F**
    (Mac) eingeben **Vollbildmodus**,
    wobei der gesamte Bildschirm der
    aktuellen Webseite gewidmet ist.

Einrichten und Verwalten von Erweiterungen

Erweiterungen sind kleine Softwareprogramme,
die Chrome um neue Funktionen erweitern,
wodurch es leistungsfähiger und auf Ihre
spezifischen Bedürfnisse zugeschnitten wird.
Mit Erweiterungen können Sie Werbung
blockieren, Ihre Passwörter verwalten, in andere
Apps integrieren und vieles mehr.

**1. So finden und installieren Sie
Erweiterungen**

Erweiterungen finden Sie im **Chrome Web Store**, wo sie nach Funktionalität wie Produktivität, Sicherheit oder Unterhaltung kategorisiert werden.

- **Zugriff auf den Chrome Web Store**:
  - Um Erweiterungen zu finden, klicken Sie auf **Drei-Punkte-Menü**, dann gehen Sie zu **Weitere Tools** > **Erweiterungen**. Klicken Sie unten auf der Seite auf **Holen Sie sich weitere Erweiterungen** um zum Chrome Web Store weitergeleitet zu werden.
- **Erweiterungen installieren**:
  - Wenn Sie eine Erweiterung gefunden haben, die Sie hinzufügen möchten, klicken Sie auf **Zu Chrome hinzufügen**. Möglicherweise werden Sie aufgefordert, der Erweiterung bestimmte Berechtigungen zu erteilen, beispielsweise den Zugriff

auf Ihre Browserdaten. Nachdem
Sie zugestimmt haben, wird die
Erweiterung installiert und ihr
Symbol wird neben der Omnibox
angezeigt.

- **Beliebte Erweiterungen**:
  - ○ Zu den am häufigsten verwendeten
    Erweiterungen gehören:
    - **AdBlock**: Blockiert
      aufdringliche Werbung auf
      Websites.
    - **Grammatikalisch**:
      Überprüfen Sie während der
      Eingabe Ihre
      Rechtschreibung und
      Grammatik.
    - **LastPass**: Verwaltet Ihre
      Passwörter sicher.
    - **Google Translate**: Übersetzt
      Webseiten sofort.
    - **Evernote Web Clipper**:
      Speichert Webinhalte zum
      späteren Lesen.

2. Verwalten Ihrer Erweiterungen

Sobald Sie mehrere Erweiterungen installiert
haben, ist deren effektive Verwaltung wichtig,
um sicherzustellen, dass Ihr Browser reibungslos
funktioniert.

- **Zugriff auf installierte Erweiterungen**:
  - Gehe zu **Einstellungen** >
    Erweiterungen um eine Liste aller
    installierten Erweiterungen
    anzuzeigen. Von hier aus können
    Sie Erweiterungen aktivieren,
    deaktivieren oder entfernen.
- **Erweiterungen deaktivieren**:
  - Wenn eine Erweiterung Probleme
    verursacht oder Sie sie
    vorübergehend deaktivieren
    möchten, klicken Sie auf den
    Kippschalter neben dem Namen der
    Erweiterung, um sie zu
    deaktivieren. Dadurch wird
    verhindert, dass es ohne
    Deinstallation ausgeführt werden
    kann.

- **Erweiterungen entfernen**:
  - ○ Wenn Sie keine Erweiterung mehr benötigen, klicken Sie auf **Entfernen** Taste auf der **Erweiterungen** Seite, um es vollständig zu deinstallieren.

3. Erweiterungseinstellungen und Berechtigungen

Einige Erweiterungen ermöglichen eine individuelle Anpassung, z. B. das Anpassen von Einstellungen oder das Einrichten benutzerdefinierter Regeln für das Verhalten der Erweiterung.

- **Anpassen Erweiterungseinstellungen**:
  - ○ Viele Erweiterungen bieten eine eigene Einstellungsseite. Sie können darauf zugreifen, indem Sie auf das Erweiterungssymbol neben der Omnibox klicken und auswählen **Optionen** oder **Einstellungen**.
- **Erweiterungsberechtigungen verwalten**:

○ Erweiterungen erfordern oft
   Berechtigungen, etwa den Zugriff
   auf Ihren Browserverlauf oder die
   Möglichkeit, Website-Daten zu
   ändern. Sie können diese
   Berechtigungen im überprüfen und
   anpassen **Erweiterungen** Seite
   durch Anklicken aufrufen **Details**
   unter jeder Erweiterung und ändern
   Sie, worauf die Erweiterung Zugriff
   hat.

Personalisierung Ihre Startseite und Standardsuchmaschine

Anpassen Was passiert, wenn Sie Chrome zum
ersten Mal öffnen, und welche Suchmaschine
Sie verwenden, kann Ihre Surfeffizienz erheblich
verbessern.

1. Einrichten Ihrer Startseite

Mit Chrome können Sie entscheiden, was Sie sehen, wenn Sie den Browser zum ersten Mal öffnen. Sie können zwischen einer leeren neuen Tab-Seite, Ihren am häufigsten besuchten Websites oder einem benutzerdefinierten Seitensatz wählen.

- **Auswahl einer Startoption**:
  - ○ Navigieren Sie zu **Einstellungen** > **Beim Start**. Hier können Sie wählen aus:
    - ■ **Öffnen Sie die Seite „Neuer Tab".**: Chrome zeigt einen leeren neuen Tab mit Verknüpfungen zu Ihren am häufigsten besuchten Websites an.
    - ■ **Machen Sie dort weiter, wo Sie aufgehört haben**: Chrome öffnet alle Tabs, die Sie beim letzten Schließen des Browsers geöffnet hatten.
    - ■ **Öffnen Sie eine bestimmte Seite oder eine Reihe von**

Seiten: Sie können festlegen, dass eine oder mehrere bestimmte Websites (z. B. Nachrichtenseiten, Ihre E-Mail oder Ihr Kalender) automatisch geöffnet werden, wenn Sie Chrome starten.

- **Startseiten hinzufügen oder entfernen**:
  - Wenn Sie die Option „spezifische Seiten" wählen, klicken Sie auf **Fügen Sie eine neue Seite hinzu** Geben Sie die URL der Website ein, die Sie öffnen möchten. Sie können Seiten auch durch Klicken aus der Liste entfernen **Entfernen** neben der Seiten-URL.

2. Festlegen Ihrer Standardsuchmaschine

Standardmäßig verwendet Chrome **Google-Suche**, aber Sie können den Browser so anpassen, dass er jede beliebige Suchmaschine verwendet.

- **Ändern der Standardsuchmaschine:**

- ○ Gehe zu **Einstellungen** > **Suchmaschine**. Im **In der Adressleiste verwendete Suchmaschine** Wählen Sie im Dropdown-Menü Ihre bevorzugte Suchmaschine aus (z. B **Bing, Yahoo!**, oder **DuckDuckGo**).
- **Hinzufügen einer benutzerdefinierten Suchmaschine**:
  - ○ Wenn Ihre bevorzugte Suchmaschine nicht aufgeführt ist, klicken Sie auf **Verwalten Sie Suchmaschinen und Website-Suche**. Hier können Sie eine neue Suchmaschine hinzufügen, indem Sie deren Namen, Schlüsselwort und URL eingeben.

Chrome-Profile: Mehrere Benutzer verwalten und geräteübergreifend synchronisieren

Wenn mehrere Personen denselben Computer verwenden oder Sie Ihr berufliches und privates Surfen getrennt halten möchten, ist die Profilfunktion von Chrome ideal. Mithilfe von Profilen kann jeder Benutzer seine eigene angepasste Chrome-Umgebung mit separaten Einstellungen, Erweiterungen, Lesezeichen und gespeicherten Passwörtern haben. Darüber hinaus können Profile für nahtloses Surfen auf mehreren Geräten synchronisiert werden.

1. Chrome-Profile erstellen und verwalten

Wenn Sie ein separates Chrome-Profil erstellen, können Sie Ihre Browserdaten wie Verlauf, Passwörter und Lesezeichen von denen anderer Benutzer trennen.

- **Erstellen eines neuen Profils**:
    - ○ Klicken Sie auf **Profilsymbol** in der oberen rechten Ecke von Chrome und klicken Sie dann auf **Hinzufügen**. Befolgen Sie die Anweisungen, um ein neues Profil zu erstellen, geben Sie ihm einen

Namen und wählen Sie eine
Themenfarbe oder einen Avatar aus.

- **Zwischen Profilen wechseln**:
  - Sobald mehrere Profile eingerichtet
    sind, können Sie zwischen ihnen
    wechseln, indem Sie auf klicken
    Profilsymbol und wählen Sie das
    gewünschte Profil aus dem
    Dropdown-Menü aus.
- **Profile verwalten**:
  - Um Profile zu verwalten, gehen Sie
    zu **Einstellungen** > **Du und Google**
    > **Profile**. Von hier aus können Sie
    Profile bearbeiten, löschen oder
    neue hinzufügen.

2. Synchronisierung zwischen Geräten

Chrome's **Synchronisieren** Mit dieser Funktion
können Sie Ihre Browserdaten auf allen Ihren
Geräten synchronisieren. Das bedeutet, dass Sie
von Ihrem Telefon, Tablet und Desktop aus
nahtlos auf Ihre Lesezeichen, gespeicherten
Passwörter und Ihren Browserverlauf zugreifen
können.

- **Synchronisierung aktivieren**:
  - Um die Synchronisierung zu aktivieren, müssen Sie sich mit Ihrem bei Chrome anmelden **Google-Konto**. Gehe zu **Einstellungen > Du und Google > Synchronisierungs- und Google-Dienste**. Schalten Sie die um **Synchronisieren** Schalten Sie „Ein" ein und wählen Sie dann aus, was Sie synchronisieren möchten, z. B. Lesezeichen, Verlauf, Passwörter und Erweiterungen.
- **Vorteile der Synchronisierung**:
  - Durch die Synchronisierung können Sie problemlos zwischen Geräten wechseln und gleichzeitig Zugriff auf alle Ihre persönlichen Einstellungen behalten. Wenn Sie beispielsweise eine Website auf Ihrem Computer mit einem Lesezeichen versehen, ist diese automatisch auf Ihrem Smartphone verfügbar.

Chrome-Funktionen effektiv nutzen

Google Chrome bietet eine Vielzahl von Funktionen, die Ihr Surferlebnis verbessern, vom Speichern persönlicher Informationen zum schnellen automatischen Ausfüllen bis hin zu privaten Browsing-Optionen und der effizienten Verwaltung von Lesezeichen. Wenn Sie diese Tools beherrschen, können Sie problemlos im Internet surfen, den Überblick über wichtige Websites behalten und bei Bedarf Ihre Privatsphäre schützen.

Chrome Autofill: Passwörter, Adressen und Zahlungsmethoden speichern

Autofill ist eine der praktischsten Funktionen von Chrome und ermöglicht es Ihnen, persönliche Daten wie Passwörter, Adressen und Zahlungsmethoden auf Websites, die Sie häufig besuchen, zu speichern und automatisch einzutragen. Diese Funktion hilft, Zeit zu sparen und gewährleistet ein reibungsloses und schnelles Ausfüllen von Formularen im gesamten Web.

1. Passwörter mit Chrome Autofill speichern

Chrome kann Ihre Passwörter für die Websites, auf denen Sie sich anmelden, sicher speichern. Jedes Mal, wenn Sie ein neues Passwort eingeben, bietet Chrome an, es zu speichern, damit Sie sich beim nächsten Mal automatisch anmelden können.

- **So speichern Sie Passwörter**:
  - Wenn Sie sich zum ersten Mal auf einer Website anmelden, zeigt Chrome eine Frage an, in der Sie gefragt werden, ob Sie das Passwort speichern möchten. Klicken

Speichern um es aufzubewahren.
Wenn Sie es nicht speichern
möchten, können Sie wählen
Niemals oder **Nicht jetzt**.

- **Gespeicherte Passwörter verwalten**:
  - Um Ihre gespeicherten Passwörter
    zu verwalten, gehen Sie zu
    Einstellungen > **Automatisch
    ausfüllen** > **Passwörter**. Hier sehen
    Sie eine Liste von Websites mit
    gespeicherten Passwörtern. Sie
    können jedes gespeicherte Passwort
    anzeigen, löschen oder
    aktualisieren. Darüber hinaus
    können Sie das aktivieren oder
    deaktivieren **Automatische
    Anmeldung** Funktion, die Sie
    automatisch bei Websites anmeldet,
    ohne Sie dazu aufzufordern.
- **Sicherheit für gespeicherte Passwörter**:
  - Chrome speichert Ihre Passwörter
    sicher und Sie können eine
    Authentifizierung (z. B. das
    Passwort oder den Fingerabdruck

Ihres Computers) anfordern, bevor
Sie gespeicherte Passwörter
anzeigen. Sie können auch das
integrierte
Passwort-Überprüfungstool von
Chrome verwenden, um schwache
oder kompromittierte Passwörter zu
identifizieren und diese für mehr
Sicherheit zu aktualisieren.

2. Adressen speichern und verwalten

Mit der Autofill-Funktion von Chrome können
auch Ihre persönlichen Daten wie Privat- oder
Arbeitsadressen gespeichert werden, sodass Sie
beim Online-Einkauf oder bei der Anmeldung
für Veranstaltungen ganz einfach Formulare
ausfüllen können.

- **Adressen speichern**:
  - Wenn Sie ein Formular ausfüllen,
    das Ihre Adresse erfordert, werden
    Sie von Chrome aufgefordert, die
    Informationen zu speichern. Nach
    dem Speichern kann Chrome Ihre

Adresse automatisch eintragen, wenn sie das nächste Mal auf einer Website benötigt wird.

- **Gespeicherte Adressen verwalten**:
  - Gehe zu **Einstellungen** > **Automatisch ausfüllen** > **Adressen und mehr** um Ihre gespeicherten Adressen zu verwalten. Sie können Adressen hinzufügen, bearbeiten oder löschen sowie auswählen, ob Chrome das Speichern neuer Adressen anbieten soll.

3. Speicherung von Zahlungsarten

Bei Online-Einkäufen und -Transaktionen kann die Autofill-Funktion von Chrome Ihre Kredit- oder Debitkartendaten speichern, wodurch der Bezahlvorgang schneller und einfacher wird.

- **Zahlungsarten speichern**:
  - Wenn Sie Ihre Kreditkarteninformationen auf einer Website eingeben, werden Sie von

Chrome gefragt, ob Sie die
Zahlungsmethode für die
zukünftige Verwendung speichern
möchten. Wenn Sie zustimmen,
werden die Kartendaten gespeichert
und bei Ihrem nächsten Einkauf
automatisch ausgefüllt.

- **Zahlungsmethoden verwalten**:
  - ○ Gehe zu **Einstellungen** >
    Automatisch ausfüllen >
    Zahlungsmethoden um Ihre
    gespeicherten Karten zu verwalten.
    Sie können Zahlungsmethoden
    anzeigen, bearbeiten oder entfernen
    und entscheiden, ob Chrome Sie
    zum Speichern neuer Karten
    auffordern soll.
    Zahlungsinformationen werden
    sicher gespeichert und Chrome
    erfordert eine Bestätigung, bevor
    automatisch ausgefüllte Daten
    verwendet werden.

Verwenden des Inkognito-Modus zum privaten Surfen

Der Inkognito-Modus ist die private Browserfunktion von Chrome, die verhindert, dass Ihr Browserverlauf, Cookies und Website-Daten gespeichert werden. Dies ist ideal, wenn Sie surfen möchten, ohne Spuren auf Ihrem Gerät zu hinterlassen, z. B. beim Einkaufen eines Geschenks auf einem gemeinsam genutzten Computer oder bei der Recherche zu sensiblen Themen.

1. Was passiert im Inkognito-Modus?

Wenn Sie den Inkognito-Modus verwenden, speichert Chrome keine Informationen über die von Ihnen besuchten Websites, die von Ihnen heruntergeladenen Dateien oder die von Ihnen ausgefüllten Formulare. Außerdem wird verhindert, dass Cookies und Website-Daten gespeichert werden, sodass sich Websites nicht an Ihren Besuch erinnern, nachdem Sie das Inkognito-Fenster geschlossen haben.

- **Was Inkognito macht**:
  - ○ Der Browserverlauf wird nicht gespeichert.
  - ○ Cookies und Websitedaten werden gelöscht, wenn Sie das Fenster schließen.
  - ○ Informationen zum automatischen Ausfüllen werden nicht gespeichert, es sei denn, sie werden manuell eingegeben.
- **Was Inkognito nicht kann**:
  - ○ Es macht Sie online nicht anonym. Websites, Ihr Internetdienstanbieter (ISP) oder Netzwerkadministratoren können Ihre Aktivitäten weiterhin verfolgen.
  - ○ Es verhindert nicht, dass Malware oder Viren heruntergeladen werden.

2. So öffnen Sie den Inkognito-Modus

So öffnen Sie ein Inkognito-Fenster:

- Klicken Sie auf **Drei-Punkte-Menü** in der oberen rechten Ecke von Chrome.
- Wählen **Neues Inkognito-Fenster** aus dem Dropdown-Menü.
- Es erscheint ein neues Fenster mit einem dunklen Thema und einer Meldung, die die Funktionen des Inkognito-Modus erläutert.

Alternativ können Sie die Tastenkombination verwenden **Strg + Umschalt + N** unter Windows bzw **Befehl + Umschalt + N** auf dem Mac, um ein Inkognito-Fenster zu öffnen.

3. Verwalten von Inkognito-Sitzungen

Im Inkognito-Modus können Sie mehrere Tabs öffnen und Chrome behandelt sie alle als Teil derselben Inkognito-Sitzung. Wenn Sie fertig sind, schließen Sie einfach das Inkognito-Fenster und alle Sitzungsdaten, einschließlich Verlauf und Cookies, werden gelöscht.

- **Wechseln zwischen regulärem und Inkognito-Windows**:

○ Sie können sowohl normale als auch Inkognito-Fenster gleichzeitig geöffnet haben. Das Inkognito-Fenster bleibt privat, während im regulären Fenster wie gewohnt Daten gespeichert werden.

So verwenden Sie den Download-Manager von Chrome

Der Download-Manager von Chrome hilft Ihnen, den Überblick über die Dateien zu behalten, die Sie aus dem Internet herunterladen, und stellt sicher, dass Sie Downloads bei Bedarf leicht finden, anhalten oder fortsetzen können.

1. Zugriff auf den Download-Manager

Der Download-Manager zeichnet alle Dateien auf, die Sie über Chrome heruntergeladen haben.

- **So öffnen Sie den Download-Manager**:
    ○ Um auf den Download-Manager zuzugreifen, klicken Sie auf

Drei-Punkte-Menü und auswählen **Downloads**, oder verwenden Sie die Tastenkombination **Strg + J** (Windows) bzw **Befehl + J** (Mac).

- **Download-Verlauf anzeigen**:
  - ○ Auf der Seite „Downloads" wird eine Liste Ihrer letzten Downloads angezeigt, einschließlich Dateiname, Download-Speicherort und Download-Status. Wenn Sie Ihre Einstellungen nicht geändert haben, werden Downloads normalerweise im gespeichert **Downloads** Ordner auf Ihrem Computer.

2. Downloads verwalten

Mit dem Download-Manager haben Sie die Kontrolle über laufende und abgeschlossene Downloads.

- **Downloads anhalten und fortsetzen**:
  - ○ Wenn Sie eine große Datei herunterladen und den Vorgang

vorübergehend anhalten müssen, klicken Sie auf **Pause** neben der Datei im Download-Manager. Wenn Sie bereit sind, fortzufahren, klicken Sie auf **Wieder aufnehmen**.

- **Heruntergeladene Dateien öffnen oder suchen**:
  - Sobald ein Download abgeschlossen ist, können Sie die Datei direkt im Download-Manager öffnen, indem Sie auf ihren Namen klicken. Um die Datei auf Ihrem Computer zu finden, klicken Sie auf **Im Ordner anzeigen** (Windows) bzw **Im Finder anzeigen** (Mac).

3. Downloads löschen und bereinigen

Um Speicherplatz freizugeben oder Unordnung zu beseitigen, können Sie heruntergeladene Dateien löschen oder Ihren Download-Verlauf löschen.

- **Download-Verlauf entfernen:**

○ Klicken Sie im Download-Manager
auf **Aus Liste entfernen** neben
jedem abgeschlossenen Download,
um ihn aus der Liste zu entfernen,
ohne die Datei selbst zu löschen.

• **Heruntergeladene Dateien löschen**:

○ Wenn Sie die heruntergeladene
Datei von Ihrem Computer löschen
möchten, gehen Sie zum
Speicherort der Datei und löschen
Sie sie manuell.

Einrichten und Verwalten von Chrome-Lesezeichen und -Ordnern

Lesezeichen sind ein unverzichtbares Tool, um
den Überblick über Ihre Lieblingswebsites zu
behalten und es Ihnen zu ermöglichen, wichtige
Seiten mit nur einem Klick erneut aufzurufen.
Chrome erleichtert das Erstellen und
Organisieren von Lesezeichen in Ordnern für
eine effiziente Navigation.

1. Lesezeichen hinzufügen

Das Erstellen eines Lesezeichens in Chrome ist einfach und kann von jeder Webseite aus erfolgen.

- **So setzen Sie ein Lesezeichen für eine Seite**:
    - Klicken Sie auf einer Webseite, die Sie speichern möchten, auf **Sternsymbol** in der Omnibox (Adressleiste). Sie können auch die Tastenkombination verwenden **Strg + D** (Windows) bzw **Befehl + D** (Mac), um die Seite sofort mit einem Lesezeichen zu versehen.
- **Auswählen, wo ein Lesezeichen gespeichert werden soll**:
    - Wenn Sie ein Lesezeichen erstellen, werden Sie von Chrome aufgefordert, einen Speicherort dafür auszuwählen. Standardmäßig werden Lesezeichen im gespeichert **Lesezeichenleiste**Sie können aber auch neue Ordner erstellen oder

andere vorhandene auswählen, um Ihre Lesezeichen organisiert zu halten.

2. Lesezeichen mit Ordnern organisieren

Wenn Sie mehr Lesezeichen sammeln, können Sie diese in Ordnern organisieren, damit Sie schnell die benötigten Websites finden.

- **Lesezeichenordner erstellen**:
  - ○ Um einen neuen Ordner zu erstellen, klicken Sie auf **Lesezeichen** aus dem **Drei-Punkte-Menü** und auswählen **Lesezeichen-Manager**. Hier können Sie mit der rechten Maustaste klicken oder tippen **Organisieren**, dann auswählen **Ordner hinzufügen**. Geben Sie dem Ordner einen Namen (z. B. „Arbeit", „Rezepte", „Tech-News") und ziehen Sie Lesezeichen in den Ordner, um sie zu gruppieren.
- **Lesezeichen verschieben**:

○ Sie können Lesezeichen zwischen Ordnern verschieben, indem Sie sie per Drag & Drop in den Ordner ziehen **Lesezeichen-Manager** oder durch Auswahl **Bearbeiten** aus dem Rechtsklick-Menü.

3. Verwenden der Lesezeichenleiste

Der **Lesezeichenleiste** ist eine Symbolleiste für den Schnellzugriff, die unterhalb der Omnibox angezeigt wird und sofortigen Zugriff auf Ihre am häufigsten verwendeten Lesezeichen bietet.

- **Aktivieren der Lesezeichenleiste**:
  ○ Um die Lesezeichenleiste anzuzeigen oder auszublenden, drücken Sie **Strg + Umschalt + B** (Windows) bzw **Befehl + Umschalt + B** (Mac). Sie können es auch über aktivieren **Einstellungen > Aussehen > Lesezeichenleiste anzeigen**.
- **Verwalten von Lesezeichen über die Lesezeichenleiste**:

○ Sie können Lesezeichen für einen
schnellen Zugriff auf die Leiste
ziehen oder sie in Ordner ziehen,
um sie weiter zu organisieren.

Chrome-Sicherheit und Datenschutz

Im digitalen Zeitalter sind Sicherheit und Datenschutz für Internetnutzer von entscheidender Bedeutung. Google Chrome ist einer der am häufigsten verwendeten Browser und verfügt über eine Reihe integrierter Sicherheitsfunktionen und Datenschutzkontrollen, die dazu beitragen, Benutzer vor Bedrohungen wie Malware, Phishing und Tracking durch Websites zu schützen. Wenn Sie lernen, wie Sie diese Tools verwalten, können Sie Ihre Browsersitzungen sicherer gestalten und Ihre persönlichen Daten schützen.

Grundlegendes zu den integrierten Sicherheitsfunktionen von Chrome

Google Chrome verfolgt einen proaktiven Ansatz zur Benutzersicherheit und implementiert Funktionen, die Ihre Daten und Browsing-Aktivitäten vor böswilligen Bedrohungen schützen sollen.

1. Sicherer Browsing-Schutz

Die Safe Browsing-Funktion von Chrome ist ein robustes System, das Sie vor gefährlichen Websites und Downloads schützt.

- **So funktioniert sicheres Surfen**:
    - Safe Browsing erkennt und warnt Sie, wenn Sie versuchen, potenziell schädliche Websites zu besuchen, z. B. Phishing-Seiten, die versuchen, Ihre persönlichen Daten zu stehlen, oder Websites, die Malware verbreiten. Wenn Chrome eine verdächtige Website erkennt, wird eine ganzseitige Warnung

angezeigt, die Sie davon abrät, fortzufahren.

- **Verbesserter Schutz**:
  - Chrome bietet eine **Verbessertes sicheres Surfen** Modus, der zusätzlichen Schutz bietet, indem Echtzeitdaten über potenziell gefährliche Websites oder verdächtige Aktivitäten an Google weitergegeben werden. Sie können es aktivieren **Einstellungen > Privatsphäre und Sicherheit > Sicheres Surfen > Verbesserter Schutz**. Diese Einstellung verbessert den Schutz vor Phishing, Malware und anderen Online-Bedrohungen.

2. Sandboxen

Eine der wichtigsten Sicherheitsinnovationen von Chrome ist **Sandboxen**, wodurch jeder Browser-Tab oder jede Web-App von anderen isoliert wird. Dadurch wird sichergestellt, dass der Rest des Browsers nicht beeinträchtigt wird,

wenn ein Tab durch Malware oder Schadcode
kompromittiert wird.

- **So funktioniert Sandboxing**:
  - Jeder Tab oder jede Erweiterung,
    die Sie in Chrome öffnen, wird in
    einem separaten Prozess ausgeführt,
    was es Schadsoftware erschwert,
    sich über Tabs zu verbreiten oder
    auf Ihre Dateien zuzugreifen. Wenn
    eine Bedrohung erkannt wird,
    schließt Chrome den betroffenen
    Tab, ohne Ihre anderen Tabs oder
    den gesamten Browser zu
    gefährden.

3. Automatische Updates

Chrome erhält regelmäßig Sicherheitsupdates,
die automatisch vor den neuesten Bedrohungen
und Schwachstellen schützen.

- **Chrome auf dem neuesten Stand
  halten**:

○ Chrome sucht automatisch nach Updates und wendet diese im Hintergrund an. Wenn ein Update einen Neustart des Browsers erfordert, werden Sie von Chrome benachrichtigt. Es ist wichtig, dass Sie Ihren Browser auf dem neuesten Stand halten, um von den neuesten Sicherheitsverbesserungen profitieren zu können.

4. Integrierter Passwort-Manager und Sicherheitsüberprüfung

Chrome verfügt über einen integrierten Passwort-Manager, der Ihre Passwörter sicher speichert, geht aber darüber hinaus und bietet einen **Passwortüberprüfung** Funktion, die Sie benachrichtigt, wenn eines Ihrer gespeicherten Passwörter bei einem Datenverstoß offengelegt wurde.

- **Verwenden der Passwortüberprüfung**:
  ○ Um zu überprüfen, ob eines Ihrer Passwörter kompromittiert wurde,

gehen Sie zu **Einstellungen** > **Automatisch ausfüllen** > **Passwörter**, und klicken Sie dann **Passwörter prüfen**. Chrome scannt Ihre gespeicherten Passwörter und markiert alle Passwörter, die schwach, wiederverwendet oder kompromittiert sind, sodass Sie sie für mehr Sicherheit aktualisieren können.

Verwalten von Cookies und Website-Berechtigungen

Cookies und Website-Berechtigungen steuern, wie Websites mit Ihrem Browser und Ihren Daten interagieren. Durch die Verwaltung dieser Einstellungen können Sie den Komfort individueller Web-Erlebnisse mit dem Schutz Ihrer Privatsphäre in Einklang bringen.

1. Was sind Cookies?

Cookies sind kleine Textdateien, die von den von Ihnen besuchten Websites auf Ihrem Gerät gespeichert werden. Sie merken sich Ihre Anmeldedaten, Präferenzen und Surfaktivitäten und erleichtern so die Navigation auf Websites, ohne dass Informationen erneut eingegeben werden müssen. Cookies können jedoch auch verwendet werden, um Ihre Aktivitäten auf mehreren Websites für gezielte Werbung zu verfolgen.

- **Erstanbieter- und Drittanbieter-Cookies**:
    - **Cookies von Erstanbietern** werden von der von Ihnen besuchten Website erstellt und verbessern in der Regel das Benutzererlebnis, indem sie sich Ihre Präferenzen merken.
    - **Cookies von Drittanbietern** werden von externen Werbetreibenden oder auf der Website eingebetteten Analysediensten erstellt. Diese

Cookies verfolgen Ihre Aktivitäten auf mehreren Websites und werden häufig für gezielte Werbung verwendet.

2. So verwalten Sie Cookies

Chrome bietet mehrere Optionen zum Verwalten von Cookies, von der vollständigen Blockierung bis hin zur Zulassung nur bestimmter Arten.

- **Blockieren von Cookies von Drittanbietern**:
  - Sie können Cookies von Drittanbietern blockieren, ohne dass dies Auswirkungen auf Cookies von Erstanbietern hat. So bleibt der Komfort erhalten und gleichzeitig wird die Nachverfolgung reduziert. Gehen Sie dazu zu **Einstellungen > Privatsphäre und Sicherheit > Cookies und andere Websitedaten**, dann auswählen **Blockieren Sie Cookies von Drittanbietern**.

- **Cookies löschen**:
  - ○ Wenn Sie Cookies aus Datenschutzgründen oder zur Behebung von Website-Problemen löschen möchten, können Sie diese löschen, indem Sie auf gehen **Einstellungen > Privatsphäre und Sicherheit > Browserdaten löschen**. Hier können Sie wählen, ob Cookies der letzten Stunde, des letzten Tages, der letzten Woche oder aller Zeiten gelöscht werden sollen.

3. Verwalten von Site-Berechtigungen

Verschiedene Websites fordern möglicherweise Zugriff auf verschiedene Funktionen Ihres Geräts an, z. B. auf Ihre Kamera, Ihr Mikrofon, Ihren Standort oder Benachrichtigungen. Mit Chrome können Sie diese Berechtigungen verwalten und so sicherstellen, dass Sie die Kontrolle darüber haben, wie Websites mit Ihren Daten interagieren.

- **So verwalten Sie Site-Berechtigungen**:
  - ○ Gehe zu **Einstellungen** > **Privatsphäre und Sicherheit** > **Site-Einstellungen**. Hier können Sie steuern, welche Websites auf Ihren Standort, Ihre Kamera, Ihr Mikrofon, Benachrichtigungen, JavaScript und mehr zugreifen dürfen. Sie können beispielsweise verhindern, dass eine Website auf Ihre Kamera zugreift, ihr aber dennoch erlauben, Benachrichtigungen zu senden.
- **Anpassen Berechtigungen für einzelne Sites**:
  - ○ Wenn Sie eine Website besuchen, können Sie deren Berechtigungen anpassen, indem Sie auf klicken **Schloss-Symbol** links neben der URL in der Adressleiste. Mit diesem Menü können Sie schnell bestimmte Berechtigungen für diese Site zulassen oder blockieren.

Blockieren von Pop-ups und Verwalten von Anzeigen

Pop-ups und aufdringliche Werbung können Ihr Surferlebnis stören und in manchen Fällen ein Sicherheitsrisiko darstellen. Chrome bietet Tools zum Blockieren unerwünschter Popups und zur effektiveren Verwaltung von Anzeigen.

1. Pop-ups blockieren

Die Standardeinstellung von Chrome blockiert die meisten Pop-ups, einige Websites versuchen jedoch möglicherweise trotzdem, sie zu öffnen. Pop-ups können für legitime Zwecke (wie Anmeldefenster oder Online-Chats) oder für störendere Aktivitäten (wie Werbung oder Phishing-Versuche) verwendet werden.

- **So blockieren Sie Pop-ups**:
  - Um Pop-ups zu steuern, gehen Sie zu **Einstellungen** > **Privatsphäre und Sicherheit** >

Site-Einstellungen > Pop-ups und Weiterleitungen. Sie können alle Popups blockieren oder sie nur für bestimmte Websites zulassen, denen Sie vertrauen.

2. Anzeigen verwalten

Die Werbeblockerfunktionen von Chrome tragen dazu bei, die Anzahl aufdringlicher oder irreführender Werbung zu reduzieren, die Ihr Surfen beeinträchtigen kann. Der Browser verhindert außerdem Werbung, die möglicherweise Malware oder unangemessene Inhalte enthält.

- **So steuern Sie Anzeigen**:
    - Chrome blockiert automatisch Anzeigen, die gegen die Richtlinien verstoßen **Bessere Werbestandards** standardmäßig. Sie können die Anzeigeneinstellungen anpassen, indem Sie auf gehen **Einstellungen > Privatsphäre und Sicherheit >**

Site-Einstellungen > **Anzeigen**.
Sie können Anzeigen auf allen
Websites blockieren oder sie nur
auf bestimmten Websites zulassen.

So löschen Sie Browserdaten (Cache, Cookies, Verlauf)

Das Löschen Ihrer Browserdaten ist wichtig, um
Ihre Privatsphäre zu schützen, Speicherplatz
freizugeben und die Browserleistung zu
verbessern. Mit Chrome können Sie
verschiedene Arten von Browserdaten löschen,
einschließlich Cache, Cookies und
Browserverlauf.

1. Welche Browserdaten können gelöscht werden?

Wenn Sie Ihre Browserdaten in Chrome löschen,
können Sie auswählen, welche Datentypen
gelöscht werden sollen:

- **Browserverlauf**: Eine Liste aller Websites, die Sie besucht haben.
- **Cookies und andere Websitedaten**: Gespeicherte Daten, die Websites verwenden, um sich an Sie und Ihre Präferenzen zu erinnern.
- **Zwischengespeicherte Bilder und Dateien**: Temporäre Dateien werden gespeichert, um Websites bei wiederholten Besuchen schneller zu laden.
- **Passwörter und Autofill-Daten**: Anmeldedaten und Formulareinträge gespeichert.

2. So löschen Sie Browserdaten

So löschen Sie Ihre Browserdaten in Chrome:

1. Klicken Sie auf **Drei-Punkte-Menü** in der oberen rechten Ecke von Chrome und wählen Sie **Einstellungen**.
2. Gehe zu **Privatsphäre und Sicherheit** > **Browserdaten löschen**.
3. Wählen Sie im Popup-Fenster aus, welche Datentypen Sie löschen möchten, und

wählen Sie einen Zeitraum aus (z. B. letzte Stunde, letzte 24 Stunden, Gesamtzeit).

4. Klicken **Klare Daten** um die ausgewählten Informationen zu entfernen.

3. Erweiterte Optionen zum Löschen von Daten

Chrome bietet außerdem erweiterte Optionen zur Verwaltung Ihrer Daten:

- **Zeitbereich**: Sie können Daten der letzten Stunde, des letzten Tages, der letzten Woche, des letzten Monats oder aller Zeiten löschen.

- **Spezifische Site-Daten**: Um Daten von einer bestimmten Site zu löschen, gehen Sie zu **Einstellungen > Privatsphäre und Sicherheit > Site-Einstellungen > Zeigen Sie Berechtigungen und Daten an, die standortübergreifend gespeichert sind**. Hier können Sie Cookies und Daten für einzelne Websites entfernen, ohne dass dies Auswirkungen auf andere hat.

4. Warum Browserdaten löschen?

Das Löschen von Browserdaten kann Ihr Surferlebnis auf verschiedene Weise verbessern:

- **Schützen Sie Ihre Privatsphäre**: Durch das Löschen von Cookies und Browserverlauf verhindern Sie, dass andere Benutzer Ihres Geräts Ihre Online-Aktivitäten sehen.
- **Verbessern Sie die Browserleistung**: Große Mengen zwischengespeicherter Daten können Chrome mit der Zeit verlangsamen. Das Leeren des Caches kann zur Verbesserung von Geschwindigkeit und Leistung beitragen.
- **Beheben Sie Website-Fehler**: Manchmal werden Websites aufgrund veralteter Cookies oder zwischengespeicherter Dateien möglicherweise nicht richtig geladen. Durch das Löschen Ihrer

Browserdaten können diese Probleme
behoben werden.

Arbeiten mit Erweiterungen in Google Chrome

Die Vielseitigkeit von Google Chrome geht durch die Verwendung von Erweiterungen über die grundlegenden Browsing-Funktionen hinaus. Diese kleinen Softwareprogramme werden direkt in den Browser integriert und verbessern Funktionalität, Produktivität, Sicherheit und Unterhaltung. Wenn Sie wissen, wie Sie Erweiterungen effektiv installieren, verwalten und nutzen, können Sie Ihr Surferlebnis erheblich personalisieren.

Was sind Chrome-Erweiterungen?

Chrome-Erweiterungen sind Miniprogramme, die Ihrem Chrome-Browser neue Features und Funktionalitäten hinzufügen. Sie dienen dazu, Ihr Surferlebnis anzupassen, die Produktivität zu steigern, die Sicherheit zu erhöhen und sogar das Verhalten von Websites zu ändern.

1. Arten von Chrome-Erweiterungen

Erweiterungen können einer Vielzahl von Zwecken dienen, darunter:

- **Produktivität**: Tools, die Ihnen helfen, Aufgaben zu verwalten, Informationen zu organisieren oder sich wiederholende Aktionen zu automatisieren.
- **Sicherheit**: Verbesserungen, die Ihre Privatsphäre schützen, Werbung blockieren oder vor bösartigen Websites schützen.
- **Unterhaltung**: Add-ons, die Musik, Spiele oder andere Formen der Online-Unterhaltung bereitstellen.
- **Anpassung**: Tools, die das Erscheinungsbild und Verhalten von

Websites oder des Browsers selbst personalisieren.

2. Wie Erweiterungen funktionieren

Erweiterungen interagieren normalerweise mit Webseiten, indem sie deren Inhalt oder Verhalten ändern. Sie können der Chrome-Symbolleiste Schaltflächen hinzufügen, neue Menüs erstellen, vorhandene Webseiten ändern oder Warnungen und Benachrichtigungen bereitstellen.

- **Berechtigungen**: Wenn Sie eine Erweiterung installieren, werden möglicherweise bestimmte Berechtigungen für den Zugriff auf Ihre Browserdaten, Registerkarten oder andere Informationen angefordert. Es ist wichtig, diese Berechtigungen vor der Installation zu überprüfen, um sicherzustellen, dass die Erweiterung legitim und für Ihre Anforderungen geeignet ist.
- **Chrome Web Store**: Erweiterungen stammen hauptsächlich aus dem Chrome Web Store, der sie nach Typ und

Beliebtheit kategorisiert. Benutzer können Erweiterungen direkt von dieser Plattform aus durchsuchen, suchen und installieren.

Erweiterungen installieren und verwalten

Chrome erleichtert die Installation und Verwaltung von Erweiterungen und ermöglicht Ihnen die Anpassung Ihres Browsers mit Tools, die auf Ihre spezifischen Interessen und Bedürfnisse zugeschnitten sind.

1. Erweiterungen installieren

So installieren Sie eine Erweiterung aus dem Chrome Web Store:

1. **Navigieren Sie zum Chrome Web Store**: Besuchen Sie den Chrome Web Store mit Ihrem Chrome-Browser.
2. **Suchen oder Durchsuchen**: Verwenden Sie die Suchleiste, um Erweiterungen nach Namen zu finden oder Kategorien

wie Produktivität, Sicherheit, Unterhaltung usw. zu durchsuchen.

3. **Wählen Sie eine Erweiterung**: Klicken Sie auf eine Erweiterung, um weitere Details anzuzeigen, einschließlich Beschreibung, Rezensionen und Screenshots.

4. **Installieren**: Klicken Sie auf **Zu Chrome hinzufügen** Taste. Möglicherweise wird ein Bestätigungsdialogfeld angezeigt, in dem Sie um Erlaubnis zum Hinzufügen der Erweiterung gebeten werden. Klicken **Erweiterung hinzufügen** fortfahren.

5. **Bestätigung**: Nach der Installation erscheint das Symbol der Erweiterung normalerweise in der Chrome-Symbolleiste und Sie erhalten möglicherweise eine Benachrichtigung, die das Hinzufügen bestätigt.

2. Erweiterungen verwalten

Durch die Verwaltung von Erweiterungen können Sie deren Verhalten steuern, Einstellungen aktualisieren oder sie entfernen,

wenn sie nicht mehr benötigt werden oder
Probleme verursachen.

- **Zugriff auf Erweiterungen**:
  - ○ Um Erweiterungen zu verwalten,
    klicken Sie auf **Drei-Punkte-Menü**
    in der oberen rechten Ecke von
    Chrome und gehen Sie dann zu
    Weitere Werkzeuge >
    Erweiterungen. Alternativ können
    Sie auch tippen
    chrome://extensions/ in der
    Adressleiste ein und drücken Sie
    die Eingabetaste.
- **Optionen verwalten**:
  - ○ **Aktivieren oder deaktivieren**:
    Schalten Sie den Schalter neben
    jeder Erweiterung um, um sie zu
    aktivieren oder zu deaktivieren.
  - ○ **Entfernen**: Klicken Sie auf
    Entfernen Klicken Sie auf die
    Schaltfläche, um eine Erweiterung
    vollständig von Ihrem Browser zu
    deinstallieren.

- ○ **Optionen**: Einige Erweiterungen bieten zusätzliche Einstellungen oder Optionen, auf die durch Klicken zugegriffen werden kann **Details** unter der Erweiterung auf der Seite „Erweiterungen".
- **Erweiterungen aktualisieren**:
  - ○ Erweiterungen werden von Chrome automatisch aktualisiert, um sicherzustellen, dass sie sicher und aktuell sind. Sie können manuell nach Updates suchen, indem Sie die Seite „Erweiterungen" besuchen und auf klicken **Aktualisieren** falls verfügbar.

Beliebte Erweiterungen für Produktivität, Unterhaltung und Sicherheit

Erweiterungen gehen auf unterschiedliche Benutzerbedürfnisse ein und bieten Tools, die von der Steigerung der Produktivität über die

Verbesserung der Online-Sicherheit bis hin zur Bereitstellung von Unterhaltungsoptionen reichen.

1. Produktivitätserweiterungen

- **Grammatikalisch**: Trägt zur Verbesserung des Schreibens bei, indem Grammatik, Rechtschreibung und Stil überprüft werden.
- **Todoist**: Ein Aufgabenmanager zum Erstellen von Aufgabenlisten und zum Verwalten von Aufgaben.
- **LastPass**: Passwort-Manager, der Passwörter sicher speichert und automatisch ausfüllt.
- **Tasche**: Speichern Sie Artikel, Videos und Webseiten, um sie später anzusehen, auch offline.

2. Sicherheitserweiterungen

- **Adblock Plus**: Blockiert aufdringliche Werbung und Pop-ups und erhöht so die

Geschwindigkeit und Sicherheit beim
Surfen.

- **HTTPS überall**: Gewährleistet sichere
Verbindungen, indem Websites
automatisch auf HTTPS-Versionen
umgeleitet werden, sofern verfügbar.
- **Avast Online-Sicherheit**: Warnt Sie vor
verdächtigen Websites und
Phishing-Versuchen und trägt so dazu bei,
Ihr Surfen sicher zu halten.

3. Unterhaltungserweiterungen

- **Honig**: Findet automatisch
Gutscheincodes und wendet diese beim
Online-Einkauf an.
- **YouTube-Video-Downloader**:
Ermöglicht das Herunterladen von
YouTube-Videos zur Offline-Anzeige.
- **Enhancer für YouTube**: Verbessert das
YouTube-Wiedergabeerlebnis mit
Funktionen wie Pop-out-Player und
Überspringen von Werbung.

4. Anpassungserweiterungen

- **Dunkler Leser**: Kehrt die Farben der Website um, um die Belastung der Augen zu verringern und die Lesbarkeit in Umgebungen mit schlechten Lichtverhältnissen zu verbessern.
- **Stilvoll**: Passen Sie das Erscheinungsbild von Websites mit Themen und vom Benutzer erstellten Stilen an.
- **Kurzwahl 2**: Ersetzt die Standardseite „Neuer Tab" durch ein anpassbares Dashboard für schnellen Zugriff auf Ihre Lieblingsseiten.

Chrome geräteübergreifend synchronisieren

Die Synchronisierungsfunktion von Google Chrome ist eines der leistungsstärksten Tools für Benutzer, die auf mehreren Geräten arbeiten, sei es ein Desktop-Computer, ein Laptop, ein Smartphone oder ein Tablet. Wenn Sie sich mit Ihrem Google-Konto bei Chrome anmelden, können Sie Ihre Browserdaten, einschließlich Lesezeichen, Verlauf, Passwörter und Erweiterungen, nahtlos auf allen Ihren Geräten synchronisieren. Dies macht es einfacher, dort weiterzumachen, wo Sie aufgehört haben, auf Ihre gespeicherten Informationen zuzugreifen und ein konsistentes Surferlebnis aufrechtzuerhalten, unabhängig davon, wo Sie sich befinden oder welches Gerät Sie verwenden.

So melden Sie sich an und synchronisieren Chrome mit einem Google-Konto

Der erste Schritt bei der Synchronisierung von Chrome auf mehreren Geräten besteht darin, sich mit Ihrem Google-Konto anzumelden. Sobald Sie angemeldet sind, kann Chrome mit der Synchronisierung Ihrer Daten und Einstellungen beginnen, um ein nahtloses Erlebnis auf verschiedenen Plattformen zu ermöglichen.

1. Bei Chrome anmelden

Führen Sie die folgenden Schritte aus, um sich bei Chrome anzumelden und mit der Synchronisierung Ihrer Daten zu beginnen:

- **Auf dem Desktop (Windows und Mac):**

1. Öffnen Sie Google Chrome auf Ihrem Computer.
2. Klicken Sie auf **Profilsymbol** in der oberen rechten Ecke des Browserfensters (dies könnte ein allgemeines Profilbild oder ein „Kopf-Schultern"-Symbol sein).
3. Wählen **Melden Sie sich bei Chrome an** oder **Aktivieren Sie die Synchronisierung** wenn Sie bereits ein Profil verwenden.
4. Geben Sie die E-Mail-Adresse und das Passwort Ihres Google-Kontos ein.
5. Nach der Anmeldung werden Sie dazu aufgefordert **Aktivieren Sie die Synchronisierung**. Klicken **Ja, ich bin dabei** um die Synchronisierung zu aktivieren.

- **Auf Mobilgeräten (Android und iOS)**:
  1. Öffnen Sie Google Chrome auf Ihrem Smartphone oder Tablet.
  2. Tippen Sie auf **Drei-Punkte-Menü** in der oberen rechten Ecke

(Android) oder unteren rechten Ecke (iOS) des Bildschirms.

3. Klopfen **Einstellungen** und dann **Melden Sie sich bei Chrome an** oder **Aktivieren Sie die Synchronisierung**.
4. Geben Sie die Anmeldedaten Ihres Google-Kontos ein und wählen Sie **Ja, ich bin dabei** um die Synchronisierung zu aktivieren.

Sobald Sie sich auf einem beliebigen Gerät angemeldet haben, beginnt Chrome sofort mit der Synchronisierung Ihrer Browserdaten auf allen Geräten, die mit demselben Google-Konto verbunden sind.

Lesezeichen, Verlauf und Erweiterungen synchronisieren

Chrome synchronisiert eine Vielzahl von Daten zwischen Geräten und stellt so sicher, dass Ihr Surferlebnis konsistent und einheitlich ist. Hier sind die wichtigsten Datentypen, die Sie synchronisieren können:

1. Lesezeichen

Mit Lesezeichen können Sie Webseiten speichern, die Sie später erneut besuchen möchten. Durch die Synchronisierung von Lesezeichen wird sichergestellt, dass Sie auf jedem Gerät Zugriff auf alle Ihre gespeicherten Websites haben.

- Wenn die Synchronisierung aktiviert ist, werden alle Änderungen, die Sie an Ihren Lesezeichen auf einem Gerät vornehmen, automatisch auf allen anderen synchronisierten Geräten aktualisiert. Wenn Sie beispielsweise eine Website auf Ihrem Desktop mit einem Lesezeichen versehen, wird diese auch in der Lesezeichenleiste Ihres Chrome-Browsers auf Ihrem Smartphone oder Tablet angezeigt.

2. Browserverlauf

Ihr Browserverlauf ist eine Aufzeichnung der von Ihnen besuchten Websites. Mit der Chrome-Synchronisierung können Sie geräteübergreifend auf diesen Verlauf zugreifen.

- Diese Funktion ist besonders nützlich, wenn Sie einen Artikel, den Sie auf Ihrem Laptop begonnen haben, mit Ihrem Smartphone weiterlesen müssen oder wenn Sie nach einer Website suchen möchten, die Sie früher am Tag besucht haben, ohne die URL manuell erneut eingeben zu müssen.

3. Erweiterungen

Chrome-Erweiterungen bieten zusätzliche Funktionen für den Browser, von Produktivitätstools bis hin zu Unterhaltungsoptionen. Durch die Synchronisierung von Erweiterungen können Sie die gleichen Tools auf mehreren Geräten beibehalten.

- Wenn Sie eine Erweiterung auf einem Gerät installieren, synchronisiert Chrome sie automatisch mit Ihren anderen Geräten. Wenn Sie beispielsweise eine Passwort-Manager-Erweiterung auf Ihrem Desktop hinzufügen, können Sie dieselbe Erweiterung auf Ihrem Laptop verwenden, ohne sie erneut installieren zu müssen.

4. Passwörter und Autofill-Daten

Chrome kann Ihre Passwörter, Zahlungsinformationen und andere Daten zum automatischen Ausfüllen speichern und so die Anmeldung auf Websites oder das Ausfüllen von Online-Formularen erleichtern. Wenn die Synchronisierung aktiviert ist, werden diese Daten sicher auf allen Ihren Geräten geteilt.

- Wenn Sie beispielsweise Ihre Anmeldedaten für eine Online-Shopping-Website auf Ihrem Desktop speichern, füllt Chrome beim Besuch der Website automatisch dieselben

Daten auf Ihrem Smartphone aus, was Ihnen Zeit und Mühe spart.

5. Öffnen Sie Tabs

Mit der Chrome-Synchronisierung können Sie die Tabs sehen, die Sie auf anderen Geräten geöffnet haben. Dies ist ideal, um Ihre Browsersitzung fortzusetzen, wenn Sie von einem Gerät zum anderen wechseln.

- Wenn Sie beispielsweise mehrere Registerkarten auf Ihrem Arbeitscomputer geöffnet lassen, können Sie später problemlos von Ihrem Telefon oder Tablet darauf zugreifen, ohne jede einzelne Registerkarte manuell erneut öffnen zu müssen.

Verwalten Ihrer synchronisierten Daten

Die Synchronisierung ist ein leistungsstarkes Tool, aber es ist auch wichtig, sie richtig zu verwalten, um sicherzustellen, dass Ihre Daten geschützt sind und Ihr Surferlebnis reibungslos bleibt. Chrome gibt Ihnen die volle Kontrolle darüber, welche Daten synchronisiert werden, und bietet Optionen zum Anpassen dieser Einstellungen.

1. Anpassen der Synchronisierungseinstellungen

Während Chrome standardmäßig eine Vielzahl von Daten synchronisiert, haben Sie die Möglichkeit auszuwählen, welche Arten von Informationen zwischen Geräten synchronisiert werden sollen.

- **Auf dem Desktop (Windows und Mac):**
  1. Klicken Sie auf **Drei-Punkte-Menü** in der oberen rechten Ecke von Chrome.
  2. Wählen **Einstellungen.**
  3. Unter dem **Du und Google** Abschnitt, klicken Sie **Synchronisierungs- und Google-Dienste.**

4. Klicken **Verwalten Sie, was Sie synchronisieren**.

5. Sie können entweder wählen **Synchronisieren Sie alles** Oder wählen Sie manuell die einzelnen Datentypen aus, die Sie synchronisieren möchten, z. B. Lesezeichen, Verlauf, Passwörter, Erweiterungen und mehr.

- **Auf Mobilgeräten (Android und iOS):**
  1. Tippen Sie auf **Drei-Punkte-Menü** in der Chrome-App und gehen Sie zu **Einstellungen**.
  2. Tippen Sie auf Ihr **Google-Konto** oben.
  3. Klopfen **Synchronisieren**.
  4. Von hier aus können Sie bestimmte Datentypen ein- oder ausschalten, z. B. Lesezeichen, Verlauf und Passwörter.

2. Verwalten synchronisierter Daten über Ihr Google-Konto

Neben der direkten Verwaltung synchronisierter Daten in Chrome können Sie synchronisierte Daten auch über Ihr Google-Konto anzeigen und verwalten.

1. Besuchen **meinkonto.google.com**.
2. Unter dem **Daten & Privatsphäre** Scrollen Sie auf der Registerkarte nach unten zu **Dinge, die du erschaffst und tust** Abschnitt.
3. Klicken **Verwalten Sie Ihre Google Chrome-Synchronisierung** um detaillierte Informationen zu Ihren synchronisierten Daten anzuzeigen, z. B. Lesezeichen, gespeicherte Passwörter und Browserverlauf.

3. Verschlüsseln Ihrer synchronisierten Daten

Chrome bietet erweiterte Sicherheitsoptionen, einschließlich der Möglichkeit, Ihre synchronisierten Daten mit einer Passphrase zu verschlüsseln. Standardmäßig verschlüsselt Chrome Passwörter. Für zusätzlichen Schutz

können Sie jedoch auch alle Ihre Daten
verschlüsseln.

- **So richten Sie eine Passphrase ein**:
    1. Gehen Sie zu Chrome
       Einstellungen >
       **Synchronisierungs- und
       Google-Dienste**.
    2. Klicken
       Verschlüsselungsoptionen.
    3. Wählen **Verschlüsseln Sie
       synchronisierte Daten mit Ihrer
       eigenen Passphrase** und erstellen
       Sie eine Passphrase. Diese
       Passphrase ist auf allen Ihren
       Geräten erforderlich, um die Daten
       zu entschlüsseln und
       sicherzustellen, dass nur Sie Zugriff
       auf Ihre synchronisierten
       Informationen haben.

4. Synchronisierungskonflikte verwalten

Wenn Sie Chrome auf mehreren Geräten
verwenden, kann es manchmal zu

Datenkonflikten kommen, z. B. wenn zwei verschiedene Versionen desselben Lesezeichens oder derselben Erweiterungseinstellungen vorliegen. Chrome behandelt die meisten Konflikte automatisch. Wenn Sie jedoch Unstimmigkeiten bemerken, können Sie diese manuell anpassen **Synchronisierungs- und Google-Dienste** Abschnitt Ihrer Chrome-Einstellungen.

5. Synchronisierung ausschalten

Wenn Sie Ihre Daten nicht mehr synchronisieren möchten, können Sie die Synchronisierungsfunktion einfach deaktivieren.

- **Auf dem Desktop**:
  1. Öffnen Sie Chrome **Einstellungen**.
  2. Klicken Sie auf Ihr **Google-Konto**.
  3. Wählen **Schalten Sie die Synchronisierung aus**.
- **Auf dem Handy**:
  1. Öffnen Sie die Chrome-App und tippen Sie auf **Drei-Punkte-Menü**.

2. Gehe zu **Einstellungen** und tippen
   Sie auf Ihr Google-Konto.
3. Klopfen **Synchronisieren** und
   schalten Sie es aus.

Durch das Deaktivieren der Synchronisierung
wird verhindert, dass Chrome Ihre Daten
geräteübergreifend weitergibt. Ihre vorhandenen
synchronisierten Daten bleiben jedoch in Ihrem
Google-Konto gespeichert, es sei denn, Sie
löschen sie.

Chrome-Verknüpfun gen und Produktivitätstipps

Google Chrome ist mit einer benutzerfreundlichen Oberfläche ausgestattet, die effizientes Surfen fördert. Um die Produktivität zu steigern und Ihre Online-Aktivitäten zu optimieren, ist es unerlässlich, Tastaturkürzel zu beherrschen und die integrierten Tools von Chrome zu nutzen. In diesem Abschnitt werden verschiedene Tastaturkürzel, der Chrome-Task-Manager und Strategien zur effektiven Verwaltung von Tabs, einschließlich Tab-Gruppen und angehefteten Tabs, erläutert.

Tastaturkürzel für schnelleres Surfen

Tastaturkürzel sind eine großartige Möglichkeit, die Effizienz beim Surfen zu steigern, da sie es Ihnen ermöglichen, schnell durch die Chrome-Benutzeroberfläche zu navigieren und häufige Aktionen auszuführen, ohne auf Ihre Maus angewiesen zu sein. Hier sind einige der nützlichsten Tastaturkürzel für Windows- und macOS-Benutzer:

Allgemeine Verknüpfungen

- **Öffnen Sie einen neuen Tab:**
  - **Windows**: Strg + T
  - **Mac**: Befehl + T
- **Aktuelle Registerkarte schließen**:
  - **Windows**: Strg + W
  - **Mac**: Befehl + W
- **Zuletzt geschlossenen Tab erneut öffnen**:
  - **Windows**: Strg + Umschalt + T
  - **Mac**: Befehl + Umschalt + T
- **Zwischen Tabs wechseln:**

- ○ **Nächste Registerkarte**:
  - ▪ **Windows**: Strg + Tab oder Strg + Bild nach unten
  - ▪ **Mac**: Befehl + Wahltaste + Rechtspfeil
- ○ **Vorheriger Tab**:
  - ▪ **Windows**: Strg + Umschalt + Tab **oder** Strg + Bild nach oben
  - ▪ **Mac**: Befehl + Wahl + Pfeil nach links
- • **Öffnen Sie ein neues Fenster**:
  - ○ **Windows**: Strg + N
  - ○ **Mac**: Befehl + N
- • **Öffnen Sie den Inkognito-Modus**:
  - ○ **Windows**: Strg + Umschalt + N
  - ○ **Mac**: Befehl + Umschalt + N
- • **Navigieren Sie vor und zurück**:
  - ○ **Zurück**:
    - ▪ **Windows**: Alt + Pfeil nach links
    - ▪ **Mac**: Befehl + Pfeil nach links
  - ○ **Nach vorne**:

- **Windows**: Alt + Rechtspfeil
- **Mac**: Befehl + Rechtspfeil

Verknüpfungen zur Adressleiste

Die Adressleiste (oder Omnibox) in Chrome
dient nicht nur der Eingabe von URLs; Es kann
auch für verschiedene Aktionen verwendet
werden:

- **Suchen Sie bei Google**: Geben Sie eine
  Suchanfrage direkt in die Adressleiste ein
  und klicken Sie Eingeben.
- **Greifen Sie auf Lesezeichen zu**: Typ
  chrome://bookmarks in der Adressleiste,
  um schnell auf Ihre Lesezeichen
  zuzugreifen.
- **Öffnen Sie den Verlauf**: Typ
  chrome://history um Ihren Browserverlauf
  anzuzeigen.
- **Greifen Sie direkt auf bestimmte
  Websites zu**: Sie können die ersten paar
  Buchstaben einer mit Lesezeichen
  versehenen Website eingeben und drücken

Eingeben um direkt zu dieser Seite zu gelangen.

Produktivitätstipps

Um die Produktivität bei der Verwendung von Chrome zu maximieren, beachten Sie die folgenden Tipps:

1. **Verwenden Sie Tastaturkürzel**: Machen Sie sich mit den oben genannten Tastenkombinationen vertraut. Je häufiger Sie sie verwenden, desto natürlicher werden sie und beschleunigen Ihren Arbeitsablauf.
2. **Anpassen Verknüpfungen**: Mit Chrome können Sie einige Tastaturkürzel für von Ihnen installierte Erweiterungen anpassen. Sie können auf diese Funktion zugreifen, indem Sie auf gehen chrome://extensions/shortcuts in der Adressleiste.
3. **Übe regelmäßig**: Verwenden Sie diese Verknüpfungen regelmäßig beim täglichen Surfen, um das Muskelgedächtnis

aufzubauen, wodurch Sie mit der Zeit effizienter werden.

Verwenden des Chrome Task-Managers

Der integrierte Task-Manager von Chrome ist ein unschätzbares Tool zur Überwachung der Ressourcennutzung und zur Verwaltung aktiver Prozesse. Es bietet Einblicke in den Verbrauch von Systemressourcen durch die einzelnen Registerkarten und Erweiterungen, sodass Sie die Leistung optimieren und Probleme beheben können.

Zugriff auf den Chrome Task-Manager

Um den Chrome Task-Manager zu öffnen, gehen Sie folgendermaßen vor:

- **Windows und Mac**: Drücken Umschalt + Esc während Chrome geöffnet ist, oder klicken Sie mit der rechten Maustaste auf die Titelleiste von Chrome und wählen Sie

aus **Task-Manager** aus dem
Kontextmenü.

Verstehen der Task-Manager-Oberfläche

Sobald Sie den Task-Manager öffnen, sehen Sie
eine Liste aller geöffneten Tabs und
Erweiterungen sowie die folgenden Spalten:

- **Aufgabe**: Der Name der Registerkarte
  oder Erweiterung.
- **Erinnerung**: Die Menge an RAM, die
  von jeder Aufgabe verwendet wird,
  gemessen in Kilobyte.
- **CPU**: Der Prozentsatz der von jeder
  Aufgabe verwendeten CPU-Ressourcen.
- **Netzwerk**: Die Menge der von der
  Registerkarte gesendeten und
  empfangenen Netzwerkdaten.
- **Prozess-ID**: Die eindeutige Kennung für
  jede in Chrome ausgeführte Aufgabe.

Aufgaben verwalten

Mit dem Task-Manager können Sie mehrere
Aktionen ausführen:

- **Aufgabe beenden**: Wenn eine Registerkarte oder Erweiterung Probleme verursacht, können Sie sie auswählen und auf klicken **Prozess beenden** Taste. Dadurch wird die ausgewählte Aufgabe sofort geschlossen und Systemressourcen freigegeben.

- **Sortieren nach Ressourcennutzung**: Klicken Sie auf eine beliebige Spaltenüberschrift (z. B. Speicher, CPU oder Netzwerk), um die Aufgaben basierend auf dieser Metrik zu sortieren. Auf diese Weise können Sie ermitteln, welche Registerkarten oder Erweiterungen die meisten Ressourcen verbrauchen.

Tipps zur Verwendung des Task-Managers

1. **Überwachen Sie die Leistung**: Behalten Sie den Task-Manager im Auge, wenn Sie eine Verlangsamung Ihres Browsers bemerken. Dies wird Ihnen helfen, problematische Registerkarten oder Erweiterungen zu identifizieren.

2. **Schließen Sie nicht verwendete Tabs**: Wenn Sie mehrere Registerkarten geöffnet haben, sollten Sie erwägen, diejenigen zu schließen, die Sie nicht aktiv verwenden, um Speicher- und CPU-Ressourcen zu sparen.

3. **Erweiterungen verwalten**: Einige Erweiterungen können ressourcenintensiv sein. Verwenden Sie den Task-Manager, um zu ermitteln, welche Erweiterungen die meisten Ressourcen verbrauchen, und erwägen Sie, sie zu deaktivieren oder zu entfernen, wenn sie nicht unbedingt erforderlich sind.

Sparen Sie Zeit mit Tab-Gruppen und angehefteten Tabs

Eine effektive Tab-Verwaltung ist für die Produktivität in Chrome von entscheidender Bedeutung, insbesondere beim Jonglieren mehrerer Projekte oder Aufgaben. Chrome bietet Funktionen wie Tab-Gruppen und angeheftete

Tabs, die Ihnen helfen, organisiert zu bleiben und Unordnung zu vermeiden.

1. Registerkartengruppen

Mit Tab-Gruppen können Sie Ihre Tabs in Kategorien organisieren und so die Verwaltung verwandter Seiten erleichtern.

Erstellen einer Tab-Gruppe

Gehen Sie folgendermaßen vor, um eine Registerkartengruppe zu erstellen:

1. **Öffnen Sie mehrere Tabs**: Öffnen Sie zunächst mehrere Registerkarten, die Sie gruppieren möchten.
2. **Klicken Sie mit der rechten Maustaste auf eine Registerkarte**: Wählen Sie eine der Registerkarten aus, die Sie gruppieren möchten, und klicken Sie mit der rechten Maustaste darauf.
3. **Wählen Sie „Registerkarte zu neuer Gruppe hinzufügen" aus**: Mit dieser Option können Sie eine neue Gruppe erstellen.

4. **Benennen Sie Ihre Gruppe**: Zur leichteren Identifizierung können Sie Ihrer Gruppe einen Namen und eine Farbe zuweisen.

5. **Fügen Sie weitere Registerkarten hinzu**: Um der Gruppe weitere Registerkarten hinzuzufügen, klicken Sie mit der rechten Maustaste auf andere Registerkarten und wählen Sie sie aus **Zur Gruppe hinzufügen**und wählen Sie die Gruppe aus, die Sie gerade erstellt haben.

Verwenden von Registerkartengruppen

- **Reduzieren und erweitern**: Sie können eine Tab-Gruppe reduzieren, um den von ihr belegten Platz zu minimieren und so die Tab-Leiste übersichtlich zu halten. Klicken Sie auf den Gruppennamen, um ihn zu reduzieren oder zu erweitern.

- **Verschieben Sie Tabs innerhalb von Gruppen**: Sie können Registerkarten innerhalb einer Gruppe einfach per Drag & Drop neu anordnen.

- **Tabs aus Gruppen entfernen**: Klicken Sie mit der rechten Maustaste auf eine Registerkarte innerhalb einer Gruppe und wählen Sie sie aus **Aus der Gruppe entfernen** um es aus der Gruppe zu nehmen.

2. Angeheftete Tabs

Angeheftete Tabs sind eine weitere Möglichkeit, wichtige Websites leicht zugänglich zu halten, ohne die Tab-Leiste zu überladen.

Anheften eines Tabs

So pinnen Sie einen Tab an:

1. **Klicken Sie mit der rechten Maustaste auf die Registerkarte**: Suchen Sie die Registerkarte, die Sie anheften möchten.
2. **Wählen Sie „Anheften".**: Klicken Sie auf **Stift** Option aus dem Kontextmenü.

Vorteile von angehefteten Tabs

- **Platzsparend**: Angeheftete Tabs nehmen weniger Platz in Ihrer Tab-Leiste ein, da sie nur als Symbole angezeigt werden.
- **Immer verfügbar**: Angeheftete Tabs bleiben geöffnet und werden nicht beeinträchtigt, wenn Sie Chrome schließen und erneut öffnen. Dadurch wird sichergestellt, dass Sie schnellen Zugriff auf häufig verwendete Websites wie E-Mail oder soziale Medien haben.
- **Verhindern Sie ein versehentliches Schließen**: Angeheftete Tabs können nicht versehentlich geschlossen werden; Sie müssen mit der rechten Maustaste klicken und auswählen **Lösen** um sie zu entfernen.

Fehlerbehebung und Wartung

Die Aufrechterhaltung einer optimalen Leistung in Google Chrome ist entscheidend für ein reibungsloses und effizientes Surferlebnis. Trotz des benutzerfreundlichen Designs können Benutzer auf Probleme wie langsame Leistung, Abstürze oder unerwünschte Software stoßen, die ihr Surfen beeinträchtigt.

So beschleunigen Sie die Chrome-Leistung

Mit der Zeit kann Chrome aufgrund angesammelter Browserdaten, zu vieler Erweiterungen oder ressourcenintensiver Tabs langsamer werden. Hier sind mehrere Strategien, um die Leistung von Chrome zu verbessern:

1. Browserdaten löschen

Angesammelter Cache, Cookies und Verlauf können Chrome verlangsamen. Das Löschen dieser Daten kann helfen:

- **Öffnen Sie Einstellungen**: Klicken Sie auf das Dreipunktmenü in der oberen rechten Ecke und wählen Sie aus **Einstellungen**.
- **Datenschutz und Sicherheit**: Navigieren Sie zu **Privatsphäre und Sicherheit** Abschnitt.
- **Browserdaten löschen**: Klicken Sie auf **Browserdaten löschen**.
- **Wählen Sie Datentypen aus**: Wählen Sie den Zeitraum und die Datentypen aus, die Sie löschen möchten (z. B. Browserverlauf, Cookies, zwischengespeicherte Bilder).
- **Daten löschen**: Klicken Sie auf **Klare Daten** Taste.

Das regelmäßige Löschen Ihrer Browserdaten kann die Leistung erheblich verbessern, insbesondere wenn Sie häufig surfen.

2. Erweiterungen verwalten

Erweiterungen verbessern die Funktionalität von Chrome, wenn jedoch zu viele installiert sind, kann dies zu einer Verlangsamung führen. So verwalten Sie Erweiterungen:

- **Zugriffserweiterungen**: Typ chrome://extensions in der Adressleiste und drücken Sie Eingeben.
- **Rezensionserweiterungen**: Deaktivieren oder entfernen Sie alle Erweiterungen, die Sie nicht regelmäßig verwenden, indem Sie sie ausschalten oder auf klicken **Entfernen** Taste.

3. Verwenden Sie den Chrome Task-Manager

Der Chrome Task Manager hilft bei der Identifizierung von Tabs und Erweiterungen, die übermäßig viel Ressourcen verbrauchen:

- **Öffnen Sie den Task-Manager**: Drücken Umschalt + Esc oder klicken Sie mit der rechten Maustaste auf die Titelleiste und wählen Sie aus **Task-Manager**.
- **Identifizieren Sie Ressourcenfresser**: Suchen Sie nach Registerkarten oder Erweiterungen, die viel Speicher oder CPU beanspruchen.
- **Aufgabe beenden**: Wählen Sie eine problematische Aufgabe aus und klicken Sie **Prozess beenden** um es zu schließen.

4. Aktualisieren Sie Chrome

Wenn Sie Chrome auf dem neuesten Stand halten, stellen Sie sicher, dass Sie über die neuesten Leistungsverbesserungen und Sicherheitskorrekturen verfügen. Chrome wird normalerweise automatisch aktualisiert, Sie können jedoch auch manuell nach Updates suchen:

- **Gehen Sie zu Einstellungen**: Klicken Sie auf das Dreipunktmenü und wählen Sie aus **Helfen**, und dann **Über Google Chrome**.

- **Aktualisieren Sie Chrome**: Chrome sucht nach Updates und installiert diese, falls verfügbar. Starten Sie nach der Aktualisierung den Browser neu.

5. Deaktivieren Sie die Hardwarebeschleunigung

Die Hardwarebeschleunigung kann in manchen Fällen die Leistung verbessern, kann aber auch Probleme verursachen. Das Deaktivieren kann hilfreich sein:

- **Öffnen Sie Einstellungen**: Klicken Sie auf **Einstellungen**.
- **Erweiterte Einstellungen**: Scrollen Sie nach unten und klicken Sie auf **Fortschrittlich**.
- **System**: Unter dem **System** Abschnitt, ausschalten **Verwenden Sie die Hardwarebeschleunigung, sofern verfügbar**.

- **Starten Sie Chrome neu**: Schließen Sie Chrome und öffnen Sie es erneut, um die Änderungen zu übernehmen.

6. Beschränken Sie geöffnete Tabs

Zu viele geöffnete Tabs können die Ressourcen von Chrome überfordern. Versuchen Sie:

- **Schließen Sie nicht verwendete Tabs**: Überprüfen und schließen Sie regelmäßig Tabs, die Sie nicht aktiv verwenden.
- **Verwenden Sie Tab-Gruppen**: Organisieren Sie verwandte Registerkarten in Gruppen, um die Übersichtlichkeit zu minimieren und die Navigation zu vereinfachen.

Verwalten und Beheben von Chrome-Abstürzen oder Einfrieren

Chrome kann gelegentlich abstürzen oder einfrieren, was frustrierend sein kann. Hier sind einige Strategien zur Fehlerbehebung und Lösung dieser Probleme:

1. Suchen Sie nach widersprüchlicher Software

Manchmal kann es zu Konflikten zwischen anderer auf Ihrem Computer installierter Software und Chrome kommen, was zu Abstürzen führen kann. Google bietet ein integriertes Tool zur Identifizierung problematischer Software:

- **Öffnen Sie Einstellungen**: Klicken Sie auf das Dreipunktmenü und wählen Sie aus **Einstellungen**.
- **Fortschrittlich**: Nach unten scrollen und auswählen **Fortschrittlich**.
- **Zurücksetzen und bereinigen**: Gehe zum **Zurücksetzen und aufräumen** Abschnitt und klicken Sie auf **Computer aufräumen**.
- **Finden Sie schädliche Software**: Klicken **Finden** um nach Software zu suchen und

diese zu entfernen, die möglicherweise Probleme verursacht.

2. Deaktivieren Sie Erweiterungen

Erweiterungen können manchmal zu Abstürzen oder Einfrieren führen. Um zu überprüfen, ob dies der Fall ist:

- **Wechseln Sie in den Inkognito-Modus**: Öffnen Sie Chrome im Inkognito-Modus (Strg + Umschalt + N). Erweiterungen sind in diesem Modus standardmäßig deaktiviert.
- **Beobachten Sie die Leistung**: Wenn Chrome im Inkognito-Modus reibungslos läuft, kann das Problem durch eine Ihrer Erweiterungen verursacht werden. Gehe zu chrome://extensions um Erweiterungen nacheinander zu deaktivieren und den Schuldigen zu identifizieren.

3. Aktualisieren Sie die Grafiktreiber

Veraltete Grafiktreiber können die Leistung von Chrome beeinträchtigen:

- **Suchen Sie nach Updates**: Besuchen Sie die Website Ihres Grafikkartenherstellers (NVIDIA, AMD, Intel), um nach Treiberaktualisierungen zu suchen und befolgen Sie deren Installationsanweisungen.

4. Starten Sie Ihren Computer neu

Wenn Chrome häufig abstürzt oder einfriert, kann ein Neustart Ihres Computers Ressourcen freigeben und vorübergehende Probleme beheben, die sich auf die Leistung auswirken.

Aktualisieren von Chrome auf die neueste Version

Regelmäßige Updates sind für die Aufrechterhaltung der Leistung und Sicherheit von Chrome von entscheidender Bedeutung. Um sicherzustellen, dass Sie die neueste Version verwenden:

1. Automatische Updates

Chrome wird normalerweise automatisch aktualisiert. Sie können dies jedoch überprüfen:

- **Einstellungen**: Klicken Sie auf das Dreipunktmenü und wählen Sie aus **Helfen**, Dann **Über Google Chrome**. Wenn ein Update verfügbar ist, lädt Chrome es automatisch herunter und installiert es.

2. Manuelles Update

Wenn Sie vermuten, dass Ihr Browser nicht auf dem neuesten Stand ist:

- **Suchen Sie nach Updates**: Befolgen Sie die oben genannten Schritte, um nach Updates zu suchen und diese anzuwenden.

3. Starten Sie Chrome neu

Stellen Sie nach der Aktualisierung sicher, dass Sie Chrome neu starten, um die neuesten Änderungen effektiv zu übernehmen.

Zurücksetzen der Chrome-Einstellungen und Entfernen von Malware

Wenn Chrome weiterhin Probleme aufweist, kann das Zurücksetzen der Einstellungen dabei helfen, den ursprünglichen Zustand wiederherzustellen, ohne dass Ihre Lesezeichen oder gespeicherten Passwörter gelöscht werden. So setzen Sie die Einstellungen zurück:

1. Setzen Sie die Chrome-Einstellungen zurück

- **Öffnen Sie Einstellungen**: Klicken Sie auf das Dreipunktmenü und wählen Sie aus **Einstellungen**.
- **Fortschrittlich**: Nach unten scrollen und erweitern **Fortschrittlich** Einstellungen.
- **Zurücksetzen und bereinigen**: Unter dem **Zurücksetzen und aufräumen** Abschnitt, klicken Sie **Stellen Sie die Einstellungen auf ihre ursprünglichen Standardwerte zurück**.

- **Bestätigen Sie das Zurücksetzen**: Ein Bestätigungsdialog wird angezeigt. Klicken **Einstellungen zurücksetzen** um den Vorgang abzuschließen.

Durch das Zurücksetzen von Chrome werden alle Einstellungen auf die Standardeinstellungen zurückgesetzt und alle Erweiterungen deaktiviert, Ihre Daten bleiben jedoch erhalten.

2. Entfernen Sie Malware

Wenn Sie vermuten, dass Malware die Leistung von Chrome beeinträchtigt:

- **Bereinigungstool**: Wie bereits erwähnt, verwenden Sie die **Computer aufräumen** Tool in den Chrome-Einstellungen, um nach schädlicher Software zu suchen und diese zu entfernen.
- **Verwenden Sie Anti-Malware-Software**: Erwägen Sie die Verwendung seriöser Antiviren- oder Anti-Malware-Software, um einen vollständigen Systemscan durchzuführen.

Erweiterte Chrome-Tipps und Tricks

Google Chrome ist nicht nur ein leistungsstarker Webbrowser, sondern auch ein vielseitiges Tool für Entwickler und fortgeschrittene Benutzer. In diesem Abschnitt werden verschiedene Tipps und Tricks für Fortgeschrittene erläutert, darunter die Verwendung von Entwicklertools, das Erstellen von Web-Apps, das Erkunden experimenteller Funktionen und das Aktivieren des Offline-Browsens.

Verwenden von Entwicklertools für die Webentwicklung

Die Entwicklertools (DevTools) von Google Chrome sind für Webentwickler unverzichtbar. Diese integrierten Tools bieten eine Reihe von Funktionen zum Überprüfen und Debuggen von Webseiten, zur Optimierung der Leistung und zur Verbesserung der Benutzererfahrung. So beginnen Sie mit DevTools:

1. Zugriff auf Entwicklertools

- **Öffnen Sie DevTools**: Sie können auf verschiedene Arten auf DevTools zugreifen:
    - Klicken Sie mit der rechten Maustaste auf eine Webseite und wählen Sie sie aus **Überprüfen**.
    - Drücken Sie Strg + Umschalt + I (oder Befehlstaste + Wahltaste + I auf dem Mac).
    - Klicken Sie im Menü auf die drei Punkte in der oberen rechten Ecke und wählen Sie aus **Weitere Werkzeuge**, und dann **Entwicklertools**.

2. Hauptmerkmale der Entwicklertools

- **Elemente-Panel**: In diesem Bereich können Sie HTML und CSS in Echtzeit überprüfen und ändern. Sie können die Struktur einer Webseite anzeigen, Elemente ändern und sehen, wie sich die Änderungen sofort auswirken.
- **Konsolenpanel**: Die Konsole bietet eine Befehlszeilenschnittstelle zum Ausführen von JavaScript. Es ist nützlich zum Testen von Skripten und zum Debuggen. Hier werden auch Fehler und Warnungen im Code protokolliert.
- **Netzwerk-Panel**: Dieses Panel verfolgt alle von der Seite gestellten Netzwerkanfragen. Es hilft Entwicklern, Ladezeiten zu analysieren, Engpässe zu identifizieren und Probleme mit Ressourcen wie Bildern, Skripten und Stylesheets zu beheben.
- **Leistungspanel**: Mit dieser Funktion können Entwickler die Laufzeitleistung einer Seite aufzeichnen und potenzielle

Leistungsprobleme identifizieren. Sie können Bildraten, Ressourcenladezeiten und CPU-Auslastung analysieren.

- **Anwendungsbereich**: Hier können Sie Ressourcen wie Cookies, lokalen Speicher, Sitzungsspeicher und Servicemitarbeiter überprüfen. Es ist für die Verwaltung der Datenspeicherung in Webanwendungen unerlässlich.

- **Quellenbereich**: In diesem Bereich werden die für die Seite geladenen JavaScript-Dateien angezeigt, sodass Entwickler Haltepunkte zum Debuggen und Analysieren von Skripts festlegen können.

3. Simulation mobiler Geräte

Mit DevTools können Sie simulieren, wie eine Webseite auf Mobilgeräten angezeigt wird:

- **Gerätesymbolleiste umschalten**: Klicken Sie auf das Gerätesymbol (oder drücken Sie Strg + Umschalt + M), um in den Gerätemodus zu wechseln.

- **Wählen Sie Gerät**: Wählen Sie im Dropdown-Menü ein bestimmtes Gerät aus, um zu sehen, wie Ihre Website auf verschiedenen Bildschirmgrößen und Auflösungen aussieht.

4. JavaScript debuggen

So debuggen Sie JavaScript mit DevTools:

- **Haltepunkte festlegen**: Suchen Sie im Bedienfeld „Quellen" die JavaScript-Datei, die Sie debuggen möchten. Klicken Sie auf die Zeilennummer, um einen Haltepunkt festzulegen.
- **Schritt für Schritt durch den Code**: Verwenden Sie die Debugging-Steuerelemente (Step Over, Step In, Step Out), um durch Ihren Code zu navigieren und Variablen in Echtzeit zu überprüfen.

Der effektive Einsatz von Entwicklertools kann den Webentwicklungsprozess erheblich

verbessern und ein effizientes Debugging und
eine Leistungsoptimierung ermöglichen.

Erstellen von Web-Apps mit Chrome

Google Chrome unterstützt Progressive Web
Apps (PWAs), das sind Webanwendungen, die
native ähnliche Erlebnisse im Web bieten. So
erstellen und verwenden Sie Web-Apps in
Chrome:

1. Was sind Progressive Web Apps?

PWAs kombinieren das Beste aus Web- und
mobilen Apps und bieten Funktionen wie:

- **Offline-Zugriff**: PWAs können offline
  oder in Netzwerken geringer Qualität
  arbeiten und bieten so ein nahtloses
  Erlebnis.
- **Installation des Startbildschirms**:
  Benutzer können Web-Apps auf ihren

Geräten installieren und sie so wie native Apps zugänglich machen.

- **Push-Benachrichtigungen**: PWAs können Benachrichtigungen senden, um Benutzer anzusprechen, auch wenn sie die App nicht aktiv nutzen.

2. Erstellen einer progressiven Web-App

So erstellen Sie eine PWA:

Servicemitarbeiter: Implementieren Sie einen Service Worker. Dabei handelt es sich um ein Skript, das im Hintergrund ausgeführt wird und Offline-Funktionen, Caching und Hintergrundsynchronisierung ermöglicht.

```
// Registrieren eines Servicemitarbeiters
if ('serviceWorker' im Navigator) {

navigator.serviceWorker.register('/service-worker.js')
    .then(Registrierung => {
      console.log('Service Worker registriert mit Geltungsbereich:', Registration.scope);
```

```
});
}
```

- **Web-App-Manifest**: Erstellen Sie eine Manifestdatei (manifest.json), der definiert, wie Ihre App auf dem Startbildschirm des Benutzers angezeigt wird, einschließlich Name, Symbole und Designfarben.

```
{
„name": „Meine Web-App",
„short_name": „Web-App",
„start_url": „/index.html",
„display": „eigenständig",
"Symbole": [
    {
        „src": „icon-192x192.png",
        „Größen": „192x192",
        „Typ": „image/png"
    },
    {
        „src": „icon-512x512.png",
        „Größen": „512x512",
```

```
      „Typ“: „image/png“
    }
  ]
}
```

- **HTTPS-Anforderung**: Stellen Sie sicher, dass Ihre App über HTTPS bereitgestellt wird, was für die Sicherheit und die Unterstützung von Servicemitarbeitern von entscheidender Bedeutung ist.

3. Installation einer PWA

Sobald Sie eine PWA fertig haben, können Benutzer sie direkt von Chrome aus installieren:

- **Schaltfläche „Installieren“.**: Wenn Benutzer Ihre Web-App besuchen, wird möglicherweise eine Schaltfläche in der Adressleiste angezeigt, mit der sie die App auf ihren Geräten installieren können.
- **Symbol für den Startbildschirm**: Nach der Installation kann die App wie jede andere native App über den Startbildschirm aufgerufen werden.

Das Erstellen von Web-Apps mit Chrome bietet eine leistungsstarke Möglichkeit, Benutzer auf verschiedenen Plattformen zu erreichen und gleichzeitig ein qualitativ hochwertiges Erlebnis zu bieten.

Erkundung der experimentellen Funktionen von Chrome (Chrome Flags)

Chrome ermöglicht Benutzern den Zugriff auf experimentelle Funktionen über „Chrome Flags". Diese Funktionen sind möglicherweise nicht stabil, können jedoch die Funktionalität verbessern und Einblicke in zukünftige Funktionen bieten.

1. Zugriff auf Chrome Flags

So erkunden Sie experimentelle Funktionen:

- **Öffnen Sie die Seite „Flags".**: Typ chrome://flags in der Adressleiste und drücken Sie Eingeben.

2. Navigieren durch Chrome Flags

- **Suchfunktion**: Verwenden Sie die Suchleiste oben, um bestimmte Flaggen zu finden, indem Sie Schlüsselwörter eingeben, die sich auf die Funktionen beziehen, an denen Sie interessiert sind.
- **Liste der Flaggen**: Sie sehen eine Liste experimenteller Funktionen mit jeweils einer kurzen Beschreibung. Flaggen werden in Kategorien eingeteilt **Ermöglicht**, **Deaktiviert**, Und **Standard** Staaten.

3. Aktivieren experimenteller Funktionen

So aktivieren Sie ein Flag:

- **Wählen Sie eine Flagge aus**: Klicken Sie auf das Dropdown-Menü neben der Flagge, die Sie aktivieren möchten.
- **Status ändern**: Wählen **Ermöglicht** oder **Deaktiviert** basierend auf Ihren Vorlieben.

- **Starten Sie Chrome neu**: Nachdem Sie Änderungen vorgenommen haben, wird eine Aufforderung angezeigt, Chrome neu zu starten, damit die Änderungen wirksam werden.

4. Bemerkenswerte Chrome-Flags

Zu den beliebten experimentellen Funktionen gehören:

- **Registerkartengruppen**: Organisieren Sie Registerkarten zur besseren Verwaltung in Gruppen.
- **Lazy Loading**: Verbessern Sie die Leistung, indem Sie Bilder nur dann laden, wenn sie im Ansichtsfenster angezeigt werden.
- **Dunkler Modus**: Aktivieren Sie ein dunkles Design für die Browseroberfläche.

Das Erkunden von Chrome Flags kann eine spannende Möglichkeit sein, mit neuen

Funktionen zu experimentieren und Ihr Surferlebnis zu verbessern.

Offline-Surfen mit Google Chrome

Durch das Offline-Browsen können Benutzer auch ohne Internetverbindung auf Webinhalte zugreifen. Chrome unterstützt diese Funktion durch Caching und Servicemitarbeiter.

1. Offline-Funktionen verstehen

Bei Verwendung von Web-Apps, die Offline-Funktionalität unterstützen:

- **Zwischengespeicherter Inhalt**: Der Servicemitarbeiter speichert Ressourcen zwischen, sodass Benutzer zuvor geladene Seiten und Daten anzeigen können, ohne eine Internetverbindung zu benötigen.
- **Hintergrundsynchronisierung**: Offline vorgenommene Änderungen können synchronisiert werden, sobald die Verbindung wiederhergestellt ist.

2. Zugriff auf zwischengespeicherte Seiten

So greifen Sie offline auf zwischengespeicherte Seiten zu:

- **Besuchen Sie kürzlich geladene Seiten**: Wenn Sie kürzlich eine Seite besucht haben, können Sie ohne Internetverbindung darauf zugreifen, indem Sie die URL in die Adressleiste eingeben.
- **Zwischengespeicherten Inhalt anzeigen**: Einige Webanwendungen ermöglichen Benutzern das Anzeigen zwischengespeicherter Inhalte und zeigen eine Meldung an, dass sie offline sind, aber auf gespeicherte Informationen zugreifen können.

3. Chrome zum Offline-Lesen verwenden

Chrome ermöglicht Benutzern auch das Speichern von Seiten zum Offline-Lesen:

- **Seite für Offline-Zugriff speichern**: Öffnen Sie eine Seite, die Sie speichern möchten, klicken Sie auf das Dreipunktmenü und wählen Sie aus **Weitere Werkzeuge**, Dann **Seite speichern unter**. Wählen **Webseite, vollständig** um alle Ressourcen zu schonen.

- **Greifen Sie auf Offline-Seiten zu**: Sie können gespeicherte Seiten anzeigen, indem Sie auf gehen **Downloads** Abschnitt in Chrome oder indem Sie die gespeicherte Datei verwenden.

Offline-Browsing ist eine nützliche Funktion, die den Zugriff auf wichtige Informationen gewährleistet, wenn keine Internetverbindung verfügbar ist.

Glossar der Begriffe

A

1. **Adressleiste**: Das Textfeld im Browser, in das Benutzer eine URL oder eine Suchanfrage eingeben können.
2. **Werbeblocker**: Eine Browsererweiterung, die verhindert, dass Werbung auf Webseiten angezeigt wird.
3. **Automatisch ausfüllen**: Eine Funktion, die Formulare und Passwörter basierend auf gespeicherten Daten automatisch ausfüllt.

B

4. **Lesezeichen**: Ein gespeicherter Link zu einer bestimmten Webseite für den späteren einfachen Zugriff.

5. **Browser-Erweiterung**: Ein kleines Softwaremodul, das dem Browser Funktionalität hinzufügt.

6. **Cache**: Temporärer Speicher, der vom Browser verwendet wird, um das Laden von Webseiten zu beschleunigen.

C

7. **Chrome-Flaggen**: Experimentelle Funktionen in Chrome, die zu Testzwecken aktiviert werden können.

8. **Kekse**: Kleine Dateien, die auf dem Gerät eines Benutzers gespeichert werden und Daten zu Webbrowsersitzungen speichern.

9. **Cross-Origin-Ressourcenfreigabe (CORS)**: Eine Sicherheitsfunktion, die von einer anderen Domäne angeforderte Ressourcen zulässt oder einschränkt.

D

10. **DevTools**: Entwicklertools in Chrome, die zum Debuggen und Überprüfen von Webseiten verwendet werden.

11. **Downloads**: Dateien, die Benutzer über den Browser aus dem Web auf ihren Geräten speichern.

UND

12. **Erweiterungen**: Zusätzliche Softwarekomponenten, die die Funktionalität des Chrome-Browsers erweitern.

13. **Inkognito-Modus**: Ein privater Browsermodus, der weder Browserverlauf noch Cookies speichert.

F

14. **Favicon**: Ein kleines Symbol, das mit einer Website verknüpft ist und in der Adressleiste und den Lesezeichen des Browsers angezeigt wird.

15. **Ausfüllbare Formulare**:
    Online-Formulare, die Benutzern die
    Eingabe von Daten ermöglichen.

G

16. **Google-Konto**: Ein Benutzerkonto,
    das den Zugriff auf verschiedene
    Google-Dienste ermöglicht, einschließlich
    der Synchronisierung von Chrome-Daten.
17. **Startseite**: Die Standardwebseite, die
    beim Starten des Browsers geöffnet wird.

H

18. **Geschichte**: Ein Protokoll aller vom
    Benutzer besuchten Webseiten.
19. **HTML (Hypertext Markup
    Language)**: Die
    Standard-Auszeichnungssprache, die zum
    Erstellen von Webseiten verwendet wird.

ICH

20. **Inkognito**: Ein Browsermodus, der verhindert, dass Daten während der Sitzung gespeichert werden.

21. **Internetprotokoll (IP)**: Eine numerische Bezeichnung, die jedem mit einem Computernetzwerk verbundenen Gerät zugewiesen wird.

J

22. **JavaScript**: Eine Programmiersprache, die zum Erstellen interaktiver Effekte in Webbrowsern verwendet wird.

K

23. **Tastaturkürzel**: Tastenkombinationen, die bestimmte Funktionen im Browser ausführen.

L

24. **Links**: Hyperlinks, die eine Verbindung zu anderen Webseiten oder Ressourcen herstellen.

25. **Ladezeit**: Die Zeit, die es dauert, bis eine Webseite vollständig geladen ist.

M

26. **Schadsoftware**: Schädliche Software, die darauf abzielt, Geräte oder Netzwerke zu beschädigen oder auszunutzen.
27. **Speisekarte**: Eine Liste von Optionen oder Befehlen in der Browseroberfläche.

N

28. **Navigationsleiste**: Der Teil der Browseroberfläche, der es Benutzern ermöglicht, zurück, vorwärts, zu aktualisieren oder zur Startseite zu navigieren.
29. **Netzwerk**: Eine Gruppe miteinander verbundener Geräte, die miteinander kommunizieren können.

DER

30. **Omnibox**: Die Adressleiste von Chrome, die die URL- und Suchfunktion kombiniert.

31. **Offline-Modus**: Eine Funktion, die den Zugriff auf zuvor besuchte Seiten ohne Internetverbindung ermöglicht.

P

32. **Pop-ups**: Neue Browserfenster, die sich unerwartet öffnen und häufig für Werbung verwendet werden.

33. **Progressive Web-App (PWA)**: Eine Webanwendung, die ein natives App-ähnliches Erlebnis bietet.

34. **Datenschutzeinstellungen**: Optionen, mit denen Benutzer ihren Datenschutz und ihre Sicherheit im Browser steuern können.

Q

35. **Abfrage**: Ein Suchbegriff, der in die Adressleiste oder Suchmaschine eingegeben wird.

R

36. **Aktualisieren**: Die Aktion des Neuladens der aktuellen Webseite.
37. **Auflösung**: Die Menge an Details, die ein Bild enthält, üblicherweise in Pixeln für Bildschirme angegeben.

S

38. **Suchmaschine**: Ein System zur Suche nach Informationen im Internet, wie Google.
39. **Servicemitarbeiter**: Ein Skript, das im Hintergrund ausgeführt wird und Offline-Funktionen und Caching ermöglicht.
40. **Einstellungen**: Die verfügbaren Konfigurationsoptionen zum Anpassen des Browser-Erlebnisses.

T

41. **Tab**: Eine geöffnete Webseite im Browser, zwischen der gewechselt werden kann.

42. **Tab-Verwaltung**: Die Möglichkeit, mehrere Registerkarten effizient zu organisieren und zu verwalten.

43. **Task-Manager**: Eine Funktion, die die von verschiedenen Registerkarten und Erweiterungen verwendeten Ressourcen anzeigt.

IN

44. **URL (Uniform Resource Locator)**: Die Adresse, die für den Zugriff auf eine bestimmte Webseite verwendet wird.

45. **Benutzeragent**: Eine Zeichenfolge, die den Browser und das Betriebssystem für Websites identifiziert.

V

46. **Ansichtsfenster**: Der sichtbare Bereich einer Webseite auf dem Bildschirm eines Geräts.

47. **Virus**: Schädliche Software, die darauf ausgelegt ist, sich auf andere Geräte zu replizieren und zu verbreiten.

IN

48. **Web-App**: Eine Anwendung, auf die über einen Webbrowser zugegriffen wird und die ähnliche Funktionen wie Desktop-Anwendungen bietet.
49. **Webbrowser**: Eine Softwareanwendung für den Zugriff und die Navigation im Internet.
50. **Webentwicklung**: Der Prozess der Erstellung und Pflege von Websites.

X

51. **XML (Extensible Markup Language)**: Eine Auszeichnungssprache, mit der Regeln für die Kodierung von Dokumenten in einem Format definiert werden, das sowohl für Menschen als auch für Maschinen lesbar ist.

UND

52. **YouTube**: Eine Video-Sharing-Plattform, auf die über Chrome zugegriffen werden kann.

MIT

53. **Zoom**: Die Möglichkeit, die Größe des im Browser angezeigten Inhalts zu vergrößern oder zu verkleinern.

Zusätzliche Bedingungen (54-100)

54. **Zugänglichkeit**: Funktionen und Designüberlegungen, die Webinhalte für Menschen mit Behinderungen nutzbar machen.

55. **Adware**: Software, die Werbung auf Ihrem Gerät anzeigt, oft gebündelt mit anderer Software.

56. **Analytik**: Tools, die den Webverkehr und das Benutzerverhalten verfolgen und analysieren.

57. **API (Anwendungsprogrammierschnittstelle)**: Eine Reihe von Regeln zum Erstellen von Softwareanwendungen, die die

Kommunikation zwischen verschiedenen Softwarekomponenten ermöglichen.

58. **Lesezeichenleiste**: Eine Symbolleiste, die gespeicherte Lesezeichen für den schnellen Zugriff anzeigt.

59. **Browser-Cache**: Temporärer Speicher, der hilft, zuvor besuchte Seiten schneller zu laden.

60. **Browserverlauf**: Eine Aufzeichnung aller Seiten, die ein Benutzer besucht hat.

61. **Content Delivery Network (CDN)**: Ein Netzwerk von Servern, das Benutzern basierend auf ihrem geografischen Standort Webinhalte bereitstellt.

62. **CSS (Cascading Style Sheets)**: Eine Stylesheet-Sprache, die zur Beschreibung der Darstellung eines in HTML geschriebenen Dokuments verwendet wird.

63. **Datenschutz**: Der Aspekt der Informationstechnologie, der sich mit dem ordnungsgemäßen Umgang mit Daten befasst.

64. **Standardbrowser**: Der Browser, der automatisch geöffnet wird, wenn ein Benutzer auf Weblinks klickt.

65. **DNS (Domain Name System)**: Das System, das Domänennamen in IP-Adressen übersetzt.

66. **Drag-and-Drop**: Eine Benutzeroberflächenfunktion, die es Benutzern ermöglicht, auf ein Objekt zu klicken und es an einen anderen Ort zu verschieben.

67. **Datei-Download**: Der Vorgang des Speicherns einer Datei aus dem Internet auf Ihrem lokalen Gerät.

68. **Firefox**: Ein beliebter Open-Source-Webbrowser, der von Mozilla entwickelt wurde.

69. **Vollbildmodus**: Ein Anzeigemodus, der das Browserfenster so erweitert, dass es den gesamten Bildschirm abdeckt.

70. **HTTPS (HyperText Transfer Protocol Secure)**: Eine Erweiterung von HTTP, die die Kommunikation über ein Computernetzwerk sichert.

71.   **Interaktiver Inhalt**: Medien, die eine Benutzerinteraktion erfordern, z. B. Quiz und Umfragen.

72.   **Java**: Eine Programmiersprache, die häufig für die Webentwicklung und die Erstellung von Applets verwendet wird.

73.   **Ladezeit**: Die Zeit, die es dauert, bis eine Webseite vollständig geladen ist.

74.   **Schädliche Software**: Software, die darauf ausgelegt ist, ein System zu beschädigen, auszunutzen oder auf andere Weise zu gefährden.

75.   **Netzwerksicherheit**: Maßnahmen zum Schutz eines Netzwerks vor unbefugtem Zugriff und Angriffen.

76.   **Open Source**: Software mit Quellcode, den jeder prüfen, ändern und erweitern kann.

77.   **Seitengeschwindigkeit**: Die Zeit, die eine Webseite benötigt, um ihren gesamten Inhalt anzuzeigen.

78.   **PDF-Viewer**: Eine Funktion oder Erweiterung, die es Benutzern ermöglicht, PDF-Dokumente im Browser anzuzeigen.

79. **Phishing**: Ein betrügerischer Versuch, vertrauliche Informationen zu erhalten, indem man sich als vertrauenswürdige Instanz ausgibt.

80. **Abfragezeichenfolge**: Ein Teil einer URL, der bestimmten Parametern Werte zuweist.

81. **Responsives Design**: Ein Webdesign-Ansatz, der dafür sorgt, dass Webseiten auf einer Vielzahl von Geräten und Fenster- oder Bildschirmgrößen gut dargestellt werden.

82. **Skriptsprache**: Eine Programmiersprache, die interpretiert und nicht kompiliert wird und häufig in der Webentwicklung verwendet wird.

83. **Sitzung**: Eine vorübergehende Verbindung zwischen einem Benutzer und einem Webserver.

84. **Geteilte Links**: URLs, die mit anderen geteilt werden können, um auf bestimmte Webseiten zuzugreifen.

85. **Spam**: Unerwünschte oder irrelevante Nachrichten, die häufig in großen Mengen über das Internet gesendet werden.

86. **SSL (Secure Sockets Layer)**: Eine Standardtechnologie zum Aufbau einer verschlüsselten Verbindung zwischen einem Server und einem Client.

87. **Anbindung**: Teilen der Internetverbindung eines Mobilgeräts mit einem anderen Gerät.

88. **URL-Shortener**: Ein Dienst, der eine kürzere Version einer langen URL erstellt, um die Weitergabe zu erleichtern.

89. **Benutzererfahrung (UX)**: Das Gesamterlebnis einer Person bei der Nutzung einer Website, insbesondere im Hinblick darauf, wie einfach oder angenehm die Nutzung ist.

90. **Benutzeroberfläche (UI)**: Der Raum, in dem Interaktionen zwischen Menschen und Maschinen stattfinden.

91. **Web-Cache**: Ein Mechanismus zum vorübergehenden Speichern von

Webdokumenten, um
Serververzögerungen zu reduzieren.

92.   **Webhosting**: Ein Dienst, der es
Einzelpersonen oder Organisationen
ermöglicht, eine Website im Internet zu
veröffentlichen.

93.   **Webserver**: Ein Server, der Webseiten
speichert und Benutzern über das Internet
bereitstellt.

94.   **WYSIWYG (Was Sie sehen, ist was
Sie bekommen)**: Ein Editor, mit dem
Benutzer sehen können, wie das
Endergebnis aussehen wird, während das
Dokument erstellt wird.

95.   **XML-Sitemap**: Eine Datei, die die
URLs einer Website auflistet und
Suchmaschinen dabei hilft, die Website
effektiv zu crawlen.

96.   **Zen-Modus**: Ein ablenkungsfreier
Browsing-Modus, der alle Symbolleisten
und Menüs verbirgt.

97.   **Zoomfunktion**: Eine Funktion, mit der
Benutzer die Größe von Text und Bildern

auf einer Webseite vergrößern oder verkleinern können.

98. **Browser-Synchronisierung**: Eine Funktion, die es Benutzern ermöglicht, Lesezeichen, Verlauf und Einstellungen geräteübergreifend zu synchronisieren.

99. **Kontextmenü**: Ein Menü, das beim Klicken mit der rechten Maustaste angezeigt wird und zusätzliche Optionen bietet.

100. **Benutzerprofile**: Verschiedene Profile in Chrome, die separate Einstellungen, Lesezeichen und Erweiterungen für verschiedene Benutzer ermöglichen.

Google Chrome Leicht Gemacht

Google Chrome Leicht Gemacht

www.ingramcontent.com/pod-product-compliance
Lightning Source LLC
LaVergne TN
LVHW051230050326

832903LV00028B/2322